作者简介

范莎，北京师范大学一带一路学院讲师，昆士兰大学经济学博士。研究领域为发展经济学、劳动经济学。目前主要从事"一带一路"、国际援助、教育、健康等相关领域的研究。在国内外核心期刊发表相关研究领域论文十余篇。

王晖，经济学博士，北京师范大学博士后。现为湖北大学商学院讲师、助理研究员，主要研究世界经济、"一带一路"、全球价值链等相关问题。主持省部级课题、参与国家社会科学基金重大项目多项，在国内外核心期刊发表相关研究领域论文二十余篇。

本研究为国家社会科学基金"一带一路"建设研究专项《充分利用高质量共建"一带一路"有效应对中美贸易战研究》（19VDL012）的研究成果之一。

高质量共建"一带一路"丛书 ｜ 王守军 胡必亮 主编

"一带一路"贸易发展

范莎 王晖 著

BELT
AND
ROAD

北京师范大学出版集团
BEIJING NORMAL UNIVERSITY PUBLISHING GROUP
北京师范大学出版社

总　序

　　2008年，金融危机在美国全面爆发并迅速通过股市、债市、汇市、贸易、投资等渠道快速扩散到了与美国经济金融关系紧密的欧洲，因此欧洲很快也陷入了严重的债务危机之中。同时，金融危机也蔓延到了整个世界，新兴市场国家和发展中国家也深受其害。为减轻不利影响，世界各国都采取了积极应对之策以稳定金融秩序、刺激经济增长。美联储在一年左右时间连续降息10次后使联邦基金利率为零，奥巴马总统上台不到一月就签署了总额为7870亿美元的经济刺激计划；我国的反应更快，在美国金融危机尚未全面爆发之时，国务院已于2008年11月出台了十项措施，投资4万亿人民币刺激经济增长；欧盟建立了一个总额为7500亿欧元的救助机制以遏制债务危机的进一步扩散并捍卫欧元。总之,世界各国、各区域都采取了积极救市政策,试图缓解和控制金融危机的扩散。

尽管如此,2008年的全球金融危机还是给全世界的金融、经济、政治等各方面都带来了很多负面影响,而且这些影响是长期的、深刻的。以欧洲为例,直到2012年,欧洲债务危机仍然十分严重,欧洲经济疲软、失业率居高不下。其他地区和国家的具体情况可能有所不同,但总体而言2008年的全球金融危机发生多年后,世界金融市场并不稳定,经济增长仍然乏力,失业率依然较高,有些国家还出现了政治动荡,全球治理更加失序。

在这样的历史背景下,联合国和其他国际组织以及很多国家都提出了一些帮助世界稳定金融秩序、促进经济增长、完善全球治理的倡议和方案。也正是在这样的国际大背景下,结合中国进入新时代后构建全面对外开放新格局的需要,习近平总书记利用他2013年秋对哈萨克斯坦和印度尼西亚进行国事访问的机会,先后提出了共建丝绸之路经济带和21世纪海上丝绸之路的重大倡议,合称"一带一路"倡议。

习近平总书记提出共建"一带一路"倡议的基本思路,就是用创新的合作模式,通过共同建设丝绸之路经济带和21世纪海上丝绸之路,加强欧亚国家之间以及中国与东盟国家之间乃至世界各国之间的政策沟通、设施联通、贸易畅通、资金融通、民心相通，从而使世界各国之间的经济联系更加紧密、相互合作更加深入、发展空间更加广阔。从经济方面来看，通过共建"一带一路"，加强世界各国的互联互通，更好地发挥各国比较优势，降低成本，促进全球经济复苏；从总体上讲，参与共建各方坚持丝路精神，共同把"一带一路"建成和平之路、繁荣之路、开放之路、创新之路、文明之路，把"一带一路"建成互利共赢、共同发展的全球公共产品和推动构建人类命运共同体的实践平台。

在共建"一带一路"倡议提出五年多时间并得到世界绝大多数国家和国际组织认可、支持并积极参与共建的良好形势下，习近平总书记在 2019 年 4 月举行的第二届"一带一路"国际合作高峰论坛上又进一步提出了高质量共建"一带一路"的系统思想，包括秉承共商共建共享原则，坚持开放、绿色、廉洁理念，努力实现高标准、惠民生、可持续目标等十分丰富的内容，得到了参会 38 国元首、政府首脑和联合国秘书长、国际货币基金组织总裁以及广大嘉宾的高度认可。这标志着共建"一带一路"开启了高质量发展新征程，主要目的就是要保障共建"一带一路"走深走实，行稳致远，实现可持续发展。

面对 2020 年出现的新冠肺炎疫情全球大流行的新情况，习近平总书记提出要允分发挥共建"一带一路"国际合作平台的积极作用，把"一带一路"打造成团结应对挑战的合作之路、维护人民健康安全的健康之路、促进经济社会恢复的复苏之路、释放发展潜力的增长之路；2021 年 4 月，习近平总书记又提议把"一带一路"建成"减贫之路"，为实现人类的共同繁荣作出积极贡献。

随着共建"一带一路"的国际环境日趋复杂、气候变化等国际性问题更加凸显，习近平总书记从疫情下世界百年未有之大变局加速演变的现实出发，在 2021 年 11 月举行的第三次"一带一路"建设座谈会上，就继续推进共建"一带一路"高质量发展问题提出了有针对性的新思想。重点是两个方面的内容：一方面，坚持"五个统筹"，即统筹发展和安全、统筹国内和国际、统筹合作和斗争、统筹存量和增量、统筹整体和重点，全面强化风险防控，提高共建效益；另一方面，稳步拓展"一带一路"国际合作新领域，特别是要积极开展与共建国家在抗疫与健康、绿色低碳发展与生态环境和气候治理、数字经济特别是"数字电商"、科技创新等新领域的合作，培养"一带一路"国际合作新增长点，继续坚定不移地推动共建"一带一路"高质量发展。

在我国成功开启全面建设社会主义现代化国家新征程、向第二个百年奋斗目标进军的关键历史时刻，习近平总书记在中国共产党第二十次全国代表大会上又一次明确指出，推动共建"一带一路"高质量发展。

为了全面、准确理解习近平总书记关于高质量共建"一带一路"的系统思想，完整、系统总结近十年来"一带一路"建设经验，研究、展望高质量共建"一带一路"发展前景，北京师范大学一带一路学院组织撰写了这套《高质量共建"一带一路"丛书》，对"一带一路"基础设施建设、"一带一路"与工业化、"一带一路"贸易发展、"一带一路"金融合作、绿色"一带一路"、数字"一带一路"、"一带一路"与新发展格局、"一带一路"与人类命运共同体、"一带一路"投资风险防范等问题进行深入的专题调查研究，形成了目前呈现在读者面前的这套丛书，希望为广大读者深入理解高质量共建"一带一路"从思想到行动的主要内容和实践探索提供参考，同时更期待大家的批评指正，帮助我们今后在高质量共建"一带一路"方面取得更好的研究成果。

2021 年中国共产党隆重地庆祝百年华诞，2022 年党的二十大的召开，对推进我国社会主义现代化强国建设都具有十分重要的战略意义；今年也是北京师范大学成立一百二十周年。因此，我们出版这套丛书，对高质量共建"一带一路"这样一个重大问题进行深入探讨，很显然也具有重要且独特的历史意义。北京师范大学出版集团党委书记吕建生先生、副总编辑饶涛先生、策划编辑祁传华先生及其团队成员都非常积极地支持这套丛书的出版，并为此而付出了大量时间，倾注了大量心血，对此我们表示衷心感谢！我们的共同目标就是希望用我们的绵薄之力，为推动共建"一带一路"高质量发展、为实现中华民族伟大复兴以及为推动构建人类命运共同体而作出应有的贡献。

王守军　胡必亮

2022 年 10 月 26 日

前　言

习近平在党的二十大报告中强调，要"加快建设贸易强国……推动共建'一带一路'高质量发展……维护多元稳定的国际经济格局和经贸关系"①。"一带一路"倡议已经成为中国新时代全面开放的重要内容。倡议不仅有助于中国建立更高层次的开放型经济格局，还可以成为全世界经济发展的新引擎。"一带一路"倡议提出至今，通过地区投资和贸易开展，进一步推动了地区和国际合作，逐渐成为深受欢迎的国际公共产品和国际合作平台。仅就贸易领域取得的成果而言，中国与"一带一路"沿线国家的贸易规模不断扩大。2013—2021 年，中国与"一带一路"沿线国家的年度贸易额从 1.04

---

① 习近平：《高举中国特色社会主义伟大旗帜　为全面建设社会主义现代化国家而团结奋斗：在中国共产党第二十次全国代表大会上的报告》，33 页，北京，人民出版社，2022。

万亿美元扩大到 1.8 万亿美元，累计货物贸易额达 11 万亿美元。① 同时，中国与"一带一路"沿线国家贸易安全与通关便利化的合作也不断深化。此外，中国与"一带一路"沿线国家在数字贸易领域、跨境电商贸易等方面也取得了长足的发展。

在此背景下，本书系统地介绍了"一带一路"贸易发展的相关情况。本书一共分为九章。第一章介绍"一带一路"贸易发展的背景，第二章介绍"一带一路"贸易发展的现实情况，第三章介绍国际贸易的相关理论。第四章和第五章分别具体介绍了中国与欧洲地区、中国与亚洲地区在"一带一路"倡议推进过程中的贸易发展。第六章和第七章为货物贸易和服务贸易的实证研究，为"一带一路"倡议推动双边贸易规模扩大提供了实证证据。第八章是针对中美贸易摩擦的分析，该部分在介绍中美贸易摩擦发展历程的基础上，量化模拟了贸易摩擦给中国贸易发展带来的负面影响，以及"一带一路"倡议对这个负面影响的缓和作用，即"一带一路"倡议在很大程度上有效应对了中美贸易摩擦。第九章是全书总结。

本研究为国家社会科学基金"一带一路"建设研究专项"充分利用高质量共建'一带一路'有效应对中美贸易战研究"（19VDL012）的研究成果之一。该课题主持人为王守军教授。本书关于基本思路、主要内容和总体结构的设计得到了王守军教授和胡必亮教授的大力指导。

---

① 参见中华人民共和国商务部网站。

目　录

第一章 | "一带一路"贸易发展的背景

习近平在 2013 年提出了"一带一路"倡议。在随后的政策文件中，中国政府强调了"一带一路"倡议的五个不同重点：政策沟通、设施联通、贸易畅通、资金融通和民心相通。除了其外部效应之外，学术界也讨论"一带一路"倡议在平衡中国经济、刺激西部地区发展、推进供给侧改革等方面发挥的重要作用。

本书的重点是"一带一路"倡议所带来的区域性贸易发展和全球性贸易影响。从本质上来讲，"一带一路"倡议是一个大型的、长期的、跨越亚洲和欧洲的运输基础设施投资计划。它正在建设的基础设施将给全球，特别是亚洲和欧洲的贸易发展带来显著的变化。从设施联通和贸易畅通的角度来看,"一带一路"是指中国、欧洲、中东和东非之间的陆路和海上贸易路线。这些路线的贸易畅通程度将通过一些大型基础设施项目得到提高。沿着"一带一路",中国企业也正在联合当地政府共同建设公路、铁路、陆港等。对这些贸易设施的现代化改造有利于贸易畅通目的的实现。

一、中国国际贸易在"一带一路"倡议中的发展

2007年下半年,美国次贷危机引发了席卷全球的金融危机,金融危机不仅重创了美国经济,而且对国际金融和世界经济造成了严重的破坏。在全球经济复苏乏力的背景下,发达经济体面临结构调整的压力,加强区域合作是推动世界经济发展的重要动力,并且已经成为一种趋势。中国政府意识到中国的市场特征和贸易结构决定了中国不可能代替美国成为世界经济的需求端,中国需要寻找新的经济增长点来解决产能过剩等结构性问题。长期以来,中国一直是制造业大国,但不是高端制造业大国。对中国进出口数据的综合研究表明,能够给中国带来净顺差的项目主要集中在初级工业品上,纺织品、鞋类、家具和钢铁制品等是出口创汇的根本。虽然数据表明中国在电子

设备方面的出口占据很大份额，但是中国严重依赖集成电路和芯片的进口，对它们的需求甚至远远超过了对石化能源的需求。虽然中国企业的市场规模在扩大，但是在高科技企业的全球供应链上并没有显著进步，使得中国制造在很大程度上依赖国际市场，不仅仅依赖下游市场，更对上游的设计、高科技技术与半制成品，乃至管理经验都产生了巨大的依赖性。一旦"逆全球化"下的贸易保护主义抬头，中国对外贸易体系便面临严重挑战，这凸显出中国对外贸易体系的脆弱性。从这样的角度看，"一带一路"倡议是区域经济合作战略，也是中国防范"逆全球化"可能对中国经济造成巨大冲击的风险防范战略。

贸易畅通是"一带一路"倡议的重要内容。"一带一路"倡议促进了沿线国家和地区贸易投资自由化、便利化，降低了交易成本和营商成本，释放了贸易发展潜力，进一步提升了沿线国家和地区参与经济全球化的广度和深度。在"一带一路"倡议持续推进的过程中，中国贸易规模持续扩大。2013—2021 年，中国与"一带一路"沿线国家的货物贸易额达到 11 万亿美元，年度贸易额从 1.04 万亿美元增长到 1.8 万亿美元。① 中国与"一带一路"沿线国家和地区的服务贸易由小到大、稳步发展。2018 年，中国与"一带一路"沿线国家和地区的服务贸易进出口总额达到

---

① 参见中华人民共和国商务部网站。

1217 亿美元，占中国服务贸易总额的 15.4%。[①] 世界银行研究组分析了"一带一路"倡议对 71 个潜在参与国的贸易影响，发现"一带一路"倡议将使参与国之间的贸易往来增加 4.1%。[②] 在贸易规模不断扩大的同时，贸易方式创新的进程也在加快。跨境电子商务等新业态、新模式正成为推动贸易畅通的重要新生力量。2021 年，通过中国海关跨境电子商务管理平台零售进出口商品总额达到 1.98 万亿元，比上一年增长 15%，是 2017 年的近 10 倍。[③] 中国已与五大洲 22 个国家建立双边电子商务合作机制，"丝路电商"合作正蓬勃发展。

图 1-1 显示了中国出口到"一带一路"共建国家、经合组织（OECD）和其他经济体的贸易额占中国总出口的百分比。2000 年，中国对经合组织的出口占中国总出口的 61%，而对"一带一路"共建国家的出口占中国总出口的 19%。随后，中国对"一带一路"共建国家的出口占中国总出口的比例呈上升趋势。2016 年，这一比例达到 33%。2021 年，这一比例达到 37%，而中国对经合组织的出口占中国总出口的比例逐渐下降到 51%，对其他经济体的出口占中国总出口的比例下降到 11%。中国对

---

① 参见中华人民共和国中央人民政府网站。
② 参见中国政策研究网编辑组：《"一带一路"建设：政策解读与经验集萃》，312 页，北京，中国言实出版社，2020。
③ 参见中华人民共和国海关总署网站。

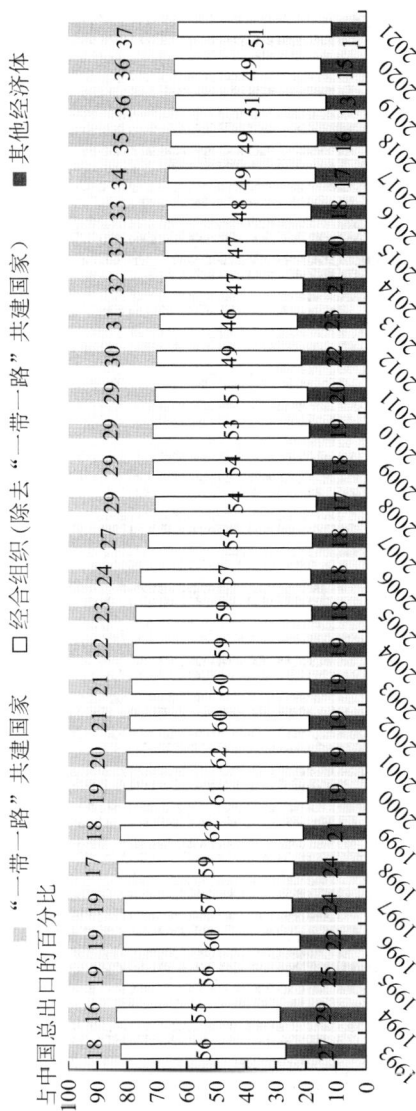

图 1-1　中国对不同地区的出口贸易额占比变化

注：图中数据皆为约数，故部分年份数据相加不是 100%。

（数据来源：IMF Direction of Trade Statistics Database）

"一带一路"共建国家的出口也存在一定差异,具体如图 1-2 所示。与基本贸易引力理论的推断一致,与中国有较大份额贸易往来的是经济体量更大、经济发展水平相对更高的国家。

二、支撑"一带一路"贸易发展的基础

(一)基础设施建设

由中国政府主导的交通基础设施建设并不是从 2013 年提出"一带一路"倡议才开始的。早在倡议提出的前十年里,中国就已经修建了天然气管道,将中国的天然气管道连接到中亚和俄罗斯,发展了自己的燃气综合运输系统。此外,中国还建设了连接东南亚的铁路网络。行驶于中国重庆和德国杜伊斯堡之间的列车在 2011 年就开始运行,为中国和欧洲的国际铁路货物贸易服务。从倡议提出以来,双方的贸易额和相关服务数量更是显著增加。得益于倡议提出之前就已经建设的泛亚铁路网北部地区的基础设施,中国和欧洲之间的铁路货运越来越多地通过哈萨克斯坦。泛亚铁路网也随着"一带一路"倡议的推进在逐步完善,以满足国际货运的需要。除此之外,"一带一路"倡议提出建设中国—中亚—西亚经济走廊,连接伊朗和土耳其,这不

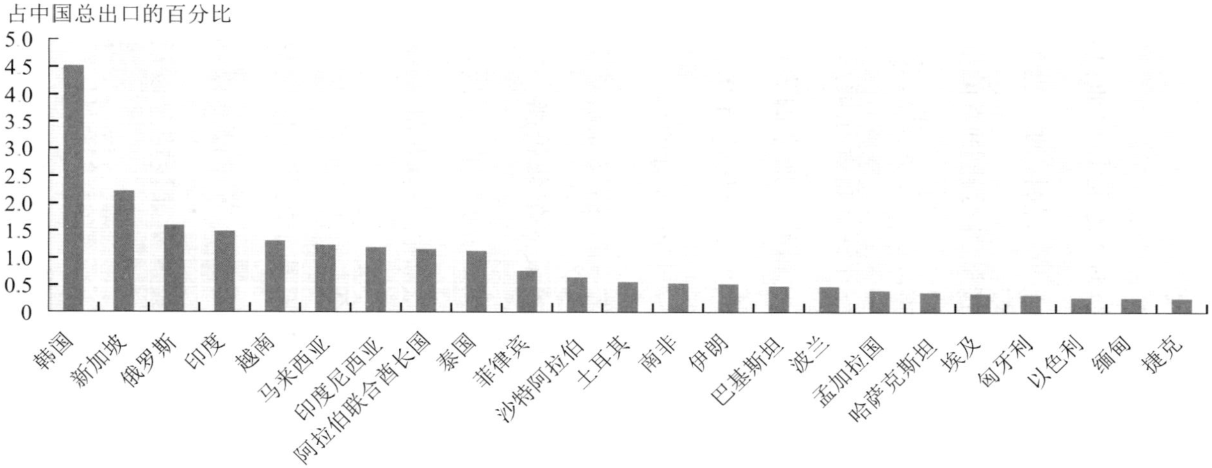

注：图中各国数据皆为 1993—2021 年的均值。

图 1-2 中国对"一带一路"共建国家的出口规模

（数据来源：IMF Direction of Trade Statistics Database）

仅可以提供中国和欧洲之间的一条替代路线，还可以通过铁路连接中国、中东和北非。

中国和欧洲之间大部分货物的海路运输要通过苏伊士运河。21 世纪海上丝绸之路在连接关键港口的同时，也发展了当地高效的港口业务。港口也成为连接陆路运输网络的关口，日渐成为内陆的门户。例如，希腊的比雷埃夫斯港是进出欧盟的通道，巴基斯坦的瓜达尔港也是"一带一路"的重要连接点。

中远集团在 2016 年收购了比雷埃夫斯港的大部分股份，且正在对该港口的运营进行投资。中国设想通过建设从比雷埃夫斯港到东欧的铁路，建设一条"中欧陆海快线"。瓜达尔港自 2007 年以来一直在运营，"一带一路"倡议提出扩大该港口，使其能够处理不同类型的货物和更大的集装箱船。"一带一路"倡议还提出将该港口与泛亚铁路网连接。一旦完成，瓜达尔港和后续连接可以为中国从中东地区进口石油提供一条通道。对于内陆的中亚国家来说，它们提供了一条与航运路线连接的通道。

"一带一路"倡议是中国政府基于之前国际贸易发展经验的进一步探索，虽然目前很多项目仍处在建设阶段，但是从贸易发展角度来说，"一带一路"倡议的基础设施建设所带来的贸易红利是一以贯之的。贸易发展本身就是双赢的，其具有很大的正外部性。

(二)贸易便利化条件

除了基础设施外,贸易便利化程度也是影响许多国家参与全球贸易的因素。海关检查就是其中一部分。而"一带一路"倡议同步推进的一项重要工作便是便利化通关。这项工作可以帮助中国和贸易伙伴之间的货物更高效地顺利通过。例如,很多港口正在运行的"智能和安全贸易通道"旨在简化海关程序和其他检查;在火车上使用标准化的托运单也发挥了类似的作用。

2017 年,中国发起《推进"一带一路"贸易畅通合作倡议》,83 个国家和国际组织积极参与。海关检验检疫合作不断深化,自 2017 年 5 月首届"一带一路"国际合作高峰论坛召开以来,中国与沿线国家签署了 100 多项合作文件,实现了 50 多种农产品的食品检疫准入。[1] 中国和哈萨克斯坦、吉尔吉斯斯坦、塔吉克斯坦农产品快速通关"绿色通道"建设积极推进,农产品通关时间缩短了 90%。[2] 中国进一步放宽外资准入领域,营造高标准的国际营商环境,设立了面向全球开放的 21 个自由贸易试验区,并探索建设自由贸易港,吸引沿线国家来华投资。中国平均关税水平从加入世界贸易组织时的 15.3% 降至目前的 7.5%。[3] 中国与东盟、巴基斯坦、格鲁吉亚等多个国家和地区

---

[1] 参见中华人民共和国中央人民政府网站。
[2] 参见中华人民共和国商务部网站。
[3] 参见中华人民共和国商务部网站。

签署或升级了自由贸易协定,与欧亚经济联盟签署经贸合作协定,与沿线国家的自由贸易区网络体系逐步形成。

(三)产业园区建设

中国自 2013 年提出"一带一路"倡议以来,已经得到全球许多国家和地区的积极响应,部分国家和地区从吸引外部投资、引进先进技术、促进贸易发展、提高当地经济发展水平等角度出发,与中国联合建设了产业园区。2015 年 3 月,国家发展改革委、外交部、商务部联合发布了《推动共建丝绸之路经济带和 21 世纪海上丝绸之路的愿景与行动》,提出要鼓励合作建设境外产业园区,将境外产业园区作为"一带一路"倡议实施的载体。

自"一带一路"倡议提出以来,中国对在"一带一路"沿线国家建设产业园区的投资快速增长。中国在"一带一路"沿线国家进行的产业园区建设具有较强的规划性,已建成的产业园区的主导产业已覆盖第一、第二、第三产业。产业园区建设一方面可以满足"一带一路"沿线国家的市场需求,另一方面可以面向"一带一路"相关国家拓展市场。结合"一带一路"沿线国家的资源优势和中国企业的产品、技术优势,产业园区在国际市场一般具有较强的竞争力,可以促进"一带一路"沿线国家产品和服务的出口,提高"一带一路"沿线国家的贸易水平。

例如,2009 年 9 月开工建设的中国—乌兹别克斯坦鹏盛产业园区，充分利用乌兹别克斯坦的优势资源，结合中国国内相对成熟的技术和装备进行了瓷砖、水龙头、宠物食品等产品的生产。根据官方统计数据，2017 年鹏盛产业园区完成年工业产值约 1 亿美元，带动进出口约 7000 万美元。[①] 泰中罗勇产业园区经过 12 年发展，获得了 ISO14001 环境管理体系认证，已经发展成为泰国产业集群中心与制造出口基地。

三、推动"一带一路"贸易发展的主要路径

"六廊六路多国多港"是"一带一路"的主体框架。其中，"六廊"即新亚欧大陆桥、中蒙俄、中国—中亚—西亚、中国—中南半岛、中巴和孟中印缅六大国际经济合作走廊。"六路"是指铁路、公路、航运、航空、管道和空间综合信息网络。"多国"是指一批先期合作国家。"多港"是指若干保障海上运输大通道安全畅通的合作港口。下面先介绍"六廊"的具体情况。

第一，新亚欧大陆桥经济走廊。新亚欧大陆桥经济走廊从中国东部沿海城市连云港出发，向西延伸，途经中国西北地区和中亚、俄罗斯抵达西欧鹿特丹，全长 10900 千米，可以辐射亚欧 30 多个国家和地区。新亚欧大陆桥经济走廊建设以中欧班

---

① 参见中国国际贸易促进委员会境外产业园区信息服务平台网站。

列等现代化国际物流体系为依托，极大缩短了运输距离，为联通亚欧市场创造了有利条件。

第二，中蒙俄经济走廊。2014年9月11日，习近平在出席中国、俄罗斯、蒙古国三国元首会晤时提出，将丝绸之路经济带同俄罗斯跨欧亚大铁路、蒙古国草原之路倡议对接，打造中蒙俄经济走廊。2016年6月23日，三国元首共同见证签署了《建设中蒙俄经济走廊规划纲要》。中蒙俄经济走廊在促进沿线基础设施建设和互联互通之外，也强调产能与投资合作。

第三，中国—中亚—西亚经济走廊。中国—中亚—西亚经济走廊由中国西北地区出境，向西经中亚至波斯湾、阿拉伯半岛和地中海沿岸，辐射中亚、西亚和北非有关国家，所涉及的国家有农业出口和能源出口优势。中国—中亚—西亚经济走廊涉及国家最多，地域空间最大，工程项目最繁杂。

第四，中国—中南半岛经济走廊。东南亚地区在历史上就与中国联系紧密。中国—中南半岛经济走廊主要辐射东南亚地区，北起中国云南昆明和广西南宁，终到新加坡，以公路、铁路网络为主要载体纵贯中南半岛，是中国与东盟十国扩大合作领域、提升合作层次的重要载体。中国—中南半岛经济走廊实现了陆海联运，有利于辐射南亚国家协同发展。

第五，中巴经济走廊。中巴经济走廊是"一带一路"倡议的样板工程和旗舰项目。中巴经济走廊起点在喀什，终点在巴基斯坦瓜达尔港,全长3000千米。中巴经济走廊以能源、交通基础设施和产业合作为重点,打造公路、铁路、油气管道及光缆"四位一体"的通道。在第一阶段建设中,巴基斯坦能源短缺问题得到了很大缓解,交通基础设施建设更加完善,为巴基斯坦民众创造了大量就业机会和岗位。在第二阶段建设中,中巴合作重点应放在农业、制造业和产业园区建设方面,通过产业合作所带来的经济和社会效益改善巴基斯坦民生,促进巴基斯坦经济的全面发展。

第六,孟中印缅经济走廊。孟中印缅经济走廊连接东亚、南亚、东南亚三大次区域,沟通太平洋、印度洋两大海域。它源起于1999年云南省社科院发起的孟中印缅地区合作论坛。直至2013年,孟中印缅经济走廊倡议并没有实际进展,各国落实到具体事宜上的合作实践仍较为缓慢。2013年12月,孟中印缅经济走廊联合工作组第一次会议在云南昆明召开,各方签署了会议纪要和联合研究计划,正式启动政府间合作。

除以上六大经济走廊之外,沿线港口建设也是"一带一路"倡议推进的重点。不论是货物中转还是能源运输,港口都是海上贸易的关键节点。港口与水路、陆路连接形成一个更加密切的物流网络,不仅为区域进出口提供重要的贸易通道,还能大幅缩短运输时间。"一带一路"倡议重点推进的港口建设有如下几个。

第一是位于伊朗的恰巴哈尔港。该港口位于阿曼湾东北部，处于西亚、南亚、中亚和印度洋的交汇之处。中国、印度等国在该地都有投资。中国在2021年向伊朗提供约4.83亿元的资金用于升级恰巴哈尔港。伊朗政府2021年决定在恰巴哈尔港建设一座核电站并与中国签署了协议。此外，恰巴哈尔港自由区内已经建设了多个中国投资的商品批发和仓储设施。中国博思石油公司正在投资建设石化工业城和大型炼油厂。

第二是汉班托塔港。汉班托塔港位于斯里兰卡南部海岸，位于亚洲至欧洲主要航道的黄金地段，也是"一带一路"沿线的重要节点。该港口是东亚沟通非洲、中东以及欧洲航线的必经之路，是印度洋的十字路口。汉班托塔港项目是斯里兰卡历史上第一个由其他国家投资和管理的项目，也是中国参与建设的大型基础设施项目之一。

第三是瓜达尔港。它位于巴基斯坦西南部俾路支省，是天然深水良港，我国为该港口提供资金和技术援助。2016年11月13日，由中方运营的瓜达尔港正式通航。瓜达尔港在中国印度洋海外战略中处于重要位置，是巴基斯坦的重要港口。从长远来看，瓜达尔港未来运营良好，经贸合作将发展起来，将发展成为与卡拉奇港口东西协调的中转站，不仅有利于巴基斯坦经济发展，也有利于中国西部大开发。瓜达尔港口的正式通航，打开了中国通向印度洋的通道，这对中国来说是至关重要的。

第四是吉布提港。它位于红海和亚丁湾交界处，是东非最大的现代化港口之一，也是亚欧非三大洲的交通要道。由于其特殊的地理位置，吉布提港不仅是往来商船和军舰必不可少的停靠点与补给站，还成了万国军港。吉布提港面积仅 2.32 万平方千米，却有十多个国家的军事基地。我国为了护航舰、保障贸易安全、打击海盗，也在此建设了后勤保障基地。2013 年，中国招商局收购了吉布提港口 23.5% 的股份，并且就建设吉布提新自由贸易区与吉布提财政部签署了投资协议。

第五是科伦坡港。科伦坡港位于斯里兰卡西南沿海凯拉尼河口南岸，濒临印度洋北侧，连接欧亚、太平洋和印度洋，是斯里兰卡最大的港口，也是世界上最大的人工港口之一。该工程由中国交建集团和斯里兰卡港务局合作开发。南港集装箱码头在 2021 年 4 月全部投入运营，使得科伦坡港成为当年全球吞吐量增长最快的港口。

第六是比雷埃夫斯港。它位于希腊东南部，是希腊最大的港口，也是全球 50 大集装箱港及地中海东部最大的集装箱港口之一。来自中国的货物可以从这里运输到欧洲腹地。2008 年，中远集团获得比雷埃夫斯港 2 号、3 号码头 35 年特许经营权。

第二章 | "一带一路"贸易发展现状

一、中国与"一带一路"沿线国家的
    贸易格局

自 1978 年改革开放以来，中国经济发展进入快速通道，高速发展的对外贸易功不可没。根据学者推算，1997—2001 年，进口对中国国内生产总值（GDP）的贡献率平均约为 10.2%，出口对中国国内生产总值的贡献率平均约为 14.2%。[①] 对外贸易成为维持中国

① 参见吴振宇、沈利生：《中国对外贸易对 GDP 贡献的经验分析》，载《世界经济》，2004(2)。

经济高速增长的重要动力。与此同时，稳定和扩大出口市场已成为推动经济增长的重要保障。在 2008 年之前，国际市场的需求虽有波动但整体来说还是比较稳定且旺盛的。

金融危机的爆发给全球的经济和贸易发展带来了持续的不利影响，在此过程中，中国经济增长也有放缓的趋势，呈现出"新常态"的特征，如何稳定出口成为当时政府经济工作关注的重中之重。"一带一路"倡议的提出，便是对这一状况的自然回应。一方面，它在一定程度上能够为中国出口寻找更大的海外市场和贸易伙伴，有利于中国探寻出口贸易再平衡，以及开创区域合作新模式；另一方面，在全球经济增长疲软的状况下，"一带一路"倡议也符合世界大多数国家的利益，对改善中国在全球经济格局和地缘政治格局中的地位，具有重大而深远的意义。经贸合作是"一带一路"倡议中的重要部分，中国通过开展和"一带一路"沿线国家与地区的经贸往来、制度上逐步打破贸易壁垒，挖掘了各方的贸易潜力，增强了双方进一步进行贸易发展的合作意愿。

本章将通过对进出口现状和贸易制度安排的研究，分析中国和"一带一路"沿线国家的基本贸易格局，一方面使读者较为直观地了解在"一带一路"倡议下，中国和沿线国家的贸易发展情况；另一方面，为下面章节的量化研究做好背景铺垫。

(一)基本贸易格局

自 2013 年"一带一路"倡议提出以来,中国与"一带一路"沿线国家的贸易往来有了显著的提升。中国和"一带一路"沿线国家的货物贸易额在 2021 年达 11.6 万亿元,同比增长 23.6%,创 8 年来新高,占中国外贸总额的比重达 29.7%。[①] 2013—2021 年,中国与"一带一路"沿线国家的货物贸易额累计达 11 万亿美元。[②] 表 2-1 展示了本书中所涉及的"一带一路"沿线国家。

表 2-1 本书中所涉及的"一带一路"沿线国家

地区	国家
俄蒙	俄罗斯、蒙古
中亚	哈萨克斯坦、乌兹别克斯坦、吉尔吉斯斯坦、塔吉克斯坦、土库曼斯坦
东南亚	新加坡、马来西亚、印度尼西亚、缅甸、泰国、老挝、柬埔寨、越南、文莱、菲律宾
南亚	印度、巴基斯坦、孟加拉国、斯里兰卡、马尔代夫、尼泊尔、不丹
中东欧	波兰、立陶宛、爱沙尼亚、拉脱维亚、捷克、斯洛伐克、匈牙利、斯洛文尼亚、克罗地亚、波斯尼亚和黑塞哥维那、黑山、塞尔维亚、阿尔巴尼亚、罗马尼亚、保加利亚、北马其顿、希腊、乌克兰、白俄罗斯、摩尔多瓦

---

① 参见中华人民共和国中央人民政府网站。
② 参见中华人民共和国商务部网站。

续表

地区	国家
西亚北非	阿富汗、伊拉克、伊朗、叙利亚、约旦、黎巴嫩、以色列、巴勒斯坦、沙特阿拉伯、巴林、卡塔尔、科威特、阿曼、也门、格鲁吉亚、亚美尼亚、阿塞拜疆、土耳其、塞浦路斯、阿拉伯联合酋长国、埃及

2021 年，中国前五大贸易伙伴依次为东盟、欧盟、美国、日本和韩国，进出口总值分别为 5.67 万亿元、5.35 万亿元、4.88 万亿元、2.4 万亿元和 2.34 万亿元，同比分别增长 19.7%、19.1%、20.2%、9.4% 和 18.4%。[①] 同期，中国对"一带一路"沿线国家进出口增长 23.6%，比整体增速高 2.2%。[②] 除了总量发展迅速之外，中国与"一带一路"沿线国家的贸易也实现了全面平衡增长。

中亚地区是丝绸之路经济带建设的重点地区。中亚五国与中国的贸易发展在"一带一路"倡议提出后得到了明显的改善，1992—2020 年，中国与中亚五国的贸易额从 4.6 亿美元增至 463.4 亿美元。[③] 中国已经成为中亚国家商品出口的主要目的地。自 2016 年以来，中亚国家对中国出口增长了 42.8%，仅哈萨克斯坦一国就向中国出口 20 多种农业和畜牧业产品。[④] 中国

---

① 参见中华人民共和国商务部网站。

② 参见中华人民共和国商务部网站。

③ 参见 UN Comtrade Database。

④ 参见［塔］拉希德·阿利莫夫：《国际观察：中国同中亚五国的关系进入新时代》，http://world.people.com.cn/n1/2022/0126/c1002-32340676.html，2022-08-09。

是哈萨克斯坦第二大贸易伙伴国，也是哈萨克斯坦第一大出口目的国和第二大进口来源国。2020 年，中国对哈萨克斯坦出口117.1 亿美元，同比下降 8%，自哈萨克斯坦进口 97.2 亿美元，同比增长 4.9%，中国顺差为 19.9 亿美元。[①] 越来越多的中亚绿色产品在中国市场打开销路，互利互惠的双边贸易促进了中国和中亚地区的共同繁荣。

东盟国家处于"一带一路"的陆海交汇地带，是中国推进"一带一路"倡议的优先方向和重要伙伴。2015 年，东盟宣布成立经济共同体，标志着一个人口超过 6 亿、经济总量超过2.5 万亿美元的经济体和大市场逐渐形成。作为近邻，中国与东盟之间的经济联系空前紧密，同时，东盟与南亚、中亚、欧洲的经贸关系不断发展，这些条件都决定了东盟在"一带一路"倡议中的重要地位。2019 年，中国与东盟的双边贸易额为6414.6 亿美元，到 2020 年达到 6846 亿美元，到 2021 年达到8782 亿美元。[②] 2009 年以来，中国连续 12 年保持东盟第一大贸易伙伴地位，2020 年东盟成为中国第一大贸易伙伴，形成了中国与东盟互为第一大贸易伙伴的良好格局。"一带一路"倡议和东盟发展规划不断深化，为构建更加紧密的中国—东盟命运共同体注入了新动力。

---

① 参见中华人民共和国海关总署网站。
② 参见中华人民共和国商务部网站。

中东欧国家是亚洲与西欧之间的战略联系，对"一带一路"倡议的成功至关重要。早在 2011 年，中国重提与中东欧 16 国互相合作，其中涉及阿尔巴尼亚、波斯尼亚和黑塞哥维那、保加利亚、克罗地亚、捷克、爱沙尼亚、匈牙利、拉脱维亚、立陶宛、北马其顿、黑山、波兰、罗马尼亚、塞尔维亚、斯洛伐克及斯洛文尼亚。2012 年，相关国家领导人在华沙举行首次会晤，标志着"16＋1 合作"模式正式启动。在这个框架指导下，中国以商业化模式参与合作，为采用中国产品及装备的投资项目提供优惠的融资支持。"16＋1 合作"模式启动以来，其不仅加强了中国与中东欧国家的合作和联系，也有助于"一带一路"倡议成功落实。

"一带一路"倡议的实施也加强了中国与俄罗斯之间的贸易往来，中国与俄罗斯的经济合作取得重大突破。2020 年，中俄贸易总额的 1077.65 亿美元中，中国出口 505.85 亿美元，占比 46.9％，同比增长 1.7％；中国进口 571.8 亿美元，占比 53.1％，同比下降 6.6％，存在一定的贸易逆差。[①] 2021 年，中俄货物贸易额达 1468.7 亿美元，同比增长 35.9％。[②] 中国连续 12 年稳居俄罗斯第一大贸易伙伴国地位。为继续推动双边贸易高质量发展，2021 年，中国商务部与俄罗斯编制完成了《中俄货物贸易和服务贸易高质量发展的路线图》，为实现中俄双边贸

---

① 参见中华人民共和国商务部网站。
② 参见中华人民共和国商务部网站。

易额 2000 亿美元目标做出规划。双方还商定促进跨境电商和服务贸易增长，提升便利化水平，扩大农产品准入，用好展会平台，推动双边经贸关系朝着更大范围、更宽领域、更深层次发展。

(二)中国与"一带一路"沿线国家的进出口贸易现状

本部分讲述中国与"一带一路"沿线国家的进出口贸易现状，具体分为以下几个方面。

第一，从贸易总规模上看，如图 2-1 所示，1992—2021 年，中国与"一带一路"沿线国家的贸易额占中国进出口贸易总额的比重，中国从"一带一路"沿线国家的进口额占中国总进口额的比重，中国对"一带一路"沿线国家的出口额占中国总出口额的比重，整体均呈上升趋势。2013—2021 年，中国与"一带一路"沿线国家的年度贸易额从 1.04 万亿美元扩大到 1.8 万亿美元，增长了约 73％。[1] 2021 年，中国进出口贸易总额达 6.05 万亿美元[2]，中国与"一带一路"沿线国家的贸易额约占中国进出口贸易总额的 29.75％。2021 年，中国从"一带一路"沿线国家的进口额占中国总进口额的 28.85％；对"一带一路"沿线国家的出口额占中国总出口额的 30.65％。2019—2021 年，尽管新冠肺炎疫情导致全球经济发展低迷，对外贸易发展受阻严重，但中国与"一带一路"沿线国家的贸易仍然发展。

---

① 参见中华人民共和国商务部网站。
② 参见中华人民共和国中央人民政府网站。

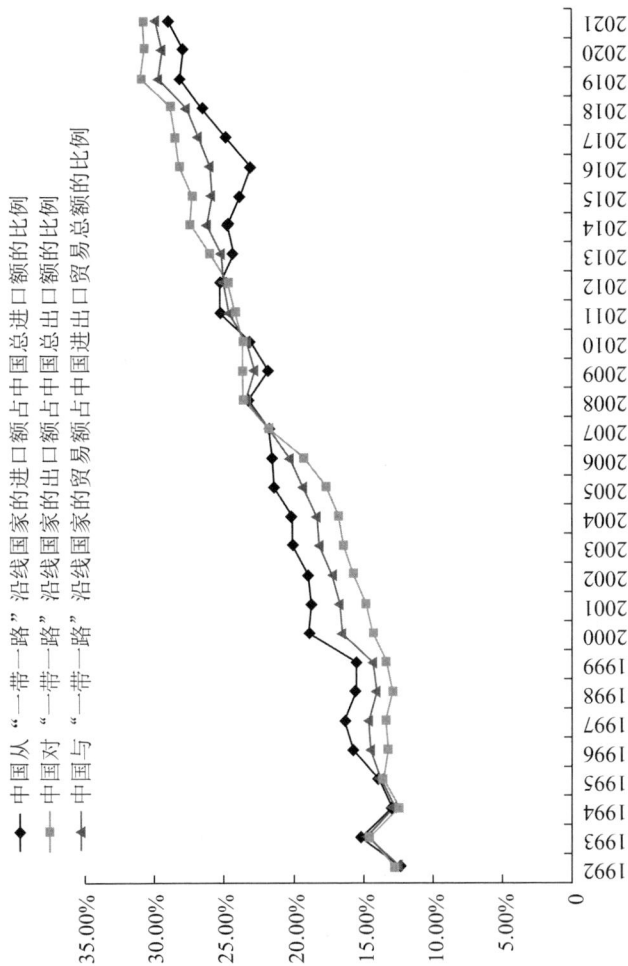

图 2-1 中国与"一带一路"沿线国家的进出口贸易状况

（数据来源：IMF Direction of Trade Statistics Database）

- 中国从"一带一路"沿线国家的进口额占中国总进口额的比例
- 中国对"一带一路"沿线国家的出口额占中国总出口额的比例
- 中国与"一带一路"沿线国家的贸易额占中国进出口贸易总额的比例

第二，从进出口贸易占比的发展历程来看，中国对"一带一路"沿线国家的进出口大致经历了三个阶段。一是震荡阶段(1992—2000年)，此时中国对"一带一路"沿线国家的进出口不太稳定，进口相较出口而言，增长较为迅速，原因是地缘优势及中国的对外开放政策。二是出口持续快速增长阶段(2001—2012年)，主要是受中国加入世界贸易组织和国内经济高速增长的刺激。三是出口强力发展阶段(2013年至今)，2013年得益于"一带一路"倡议的提出，以及推行的出口商品多元化战略和市场多元化战略，中国对"一带一路"沿线国家的出口占比持续增长，双边贸易顺差不断扩大。

第三，从中国双边贸易状况的变化来看，中国双边贸易变化的总体趋势与随机事件的震荡趋势是一致的。金融危机的出现，导致中国进出口贸易大幅下滑。在2001年加入世界贸易组织之前和加入世界贸易组织后的最初几年，中国基本处于贸易平衡状态，此后一直处于贸易顺差状态。中国与"一带一路"沿线国家的双边贸易长期基本处于平衡状态，自2012年以来稳步顺差，贸易顺差呈现快速增长态势。这表明，"一带一路"沿线国家收入水平的提高、对进口产品需求的增加，可以有效拉动中国外贸增长，缓解中国出口压力，同时有利于解决中国产能过剩和国际产业转移问题。

第四，从国别出口贸易格局来看，2021年，中国对"一带一路"沿线国家的贸易额前五名的国家为越南、马来西亚、俄罗斯、泰国和印度。① 从出口来看,中国对"一带一路"沿线国家的出口额前五名的国家为越南、印度、马来西亚、泰国和俄罗斯。② 可以看出,与中国贸易往来密切的"一带一路"沿线国家主要集中在亚洲,这可能与地理优势以及这些国家处于海上丝绸之路交通要道有关。随着"一带一路"倡议的落实,中国对"一带一路"沿线国家的出口比例有所调整,反映了中国主动调整"一带一路"贸易格局的政策方针。

(三)中国对"一带一路"沿线国家进出口的商品行业分析

为了深入研究中国与"一带一路"沿线国家之间的贸易,本文依据《商品名称及编码协调制度的国际公约》,将进出口商品进行分类。进出口商品编码由世界海关组织主持编制,每4～6年修订一次,是国际贸易中货物身份的识别码,是货物关税税率量化管理的参照分类标准,是商品出入境管理机构确认商品类别、进行商品分类管理、审核关税标准、检验商品品质的依据。例如,2019年的中美贸易摩擦3000亿商品清单,其实指的就是商品编码清单,所有的商品都是以编码形式呈现的,所

---

① 贸易额第六到第十名的国家为:印度尼西亚、新加坡、沙特阿拉伯、菲律宾和阿拉伯联合酋长国。

② 出口额第六到第十名的国家为:印度尼西亚、菲律宾、新加坡、阿拉伯联合酋长国和波兰。

属商品在编码目录内就是对象打击品。

国际通行的商品编码由 2 位码、4 位码及 6 位码的数字组成。因为商品编码不可能穷尽所有的商品分类，所以商品编码规定了"6 位码以上的编码及对应商品由各国自定"的兜底条款。第一、第二位数码代表"章"，共 98 章；第三、第四位数码代表"目"，商品编码共有 1241 个四位数的税目；第五、第六位数码代表"子目"，商品编码有 5113 个六位数子目。

本文基于全球贸易分析数据库（GTAP）的行业分类标准，对 2 位码商品编码进行重新归纳整理，最终形成 21 个大类行业。21 个大类行业所对应的商品目录如表 2-2 所示。

表 2-2　21 个大类行业所对应的商品目录

行业	部门	GTAP 部门	商品编码	商品目录
1	谷物	1～3	10、11	10. 谷物；11. 制粉工业产品、麦芽、淀粉、菊粉、面筋
2	水果和蔬菜	4	7、8	7. 食用蔬菜、根及块茎；8. 食用水果及坚果、柑橘属水果或甜瓜的果皮
3	油籽和植物油、甘蔗和甜菜	5	12	12. 含油籽仁及果实，杂项籽仁及果实，工业用或药用植物，稻草、秸秆及饲料
4	经济作物	6～8	9、13、14	9. 咖啡、茶、马黛茶及调味香料；13. 虫胶，树胶、树脂及其他植物液、汁；14. 编结用植物材料、其他植物产品
5	活动物	9	1	1. 活动物
6	动物制成品	10～12	2、4、5	2. 肉及食用杂碎；4. 乳品、蛋品、天然蜂蜜、其他食用动物产品；5. 其他动物产品

续表

行业	部门	GTAP部门	商品编码	商品目录
7	林业	13	6	6. 活树及其他活植物，鳞茎、根及类似品，插花及装饰用簇叶
8	渔业	14	3	3. 鱼、甲壳动物、软体动物及其他水生无脊椎动物
9	采掘业	15～18	25、26、27	25. 盐、硫黄、泥土及石料、石膏料、石灰及水泥；26. 矿砂、矿渣及矿灰；27. 矿物燃料、矿物油及其蒸馏产品，沥青物质，矿物蜡
10	食品加工制造业	19～25	15～21	15. 动、植物油、脂及其分解产品，精制的食用油脂，动、植物蜡；16. 肉、鱼、甲壳动物、软体动物及其他水生无脊椎动物的制品；17. 糖及糖食；18. 可可及可可制品；19. 谷物、粮食粉、淀粉或乳的制品，糕饼点心；20. 蔬菜、水果、坚果或植物其他部分的制品；21. 杂项食品
11	烟酒制造业	26	22、24	22. 饮料、酒及醋；24. 烟草、烟草及烟草代用品的制品
12	纺织品和服装业	27～28	50～63	50. 蚕丝；51. 羊毛、动物细毛或粗毛，马毛纱线及其机织物；52. 棉花；53. 其他植物纺织纤维、纸纱线及其机织物；54. 化学纤维长丝、化学纤维纺织材料制扁条及类似品；55. 化学纤维短纤；56. 絮胎、毡呢及无纺织物，特种纱线、线、绳、索、缆及其制品；57. 地毯及纺织材料的其他铺地制品；58. 特种机织物、簇绒织物、花边、装饰毯、装饰带、刺绣品；59. 浸渍、涂布．包覆或层压的纺织物，工业用纺织制品；60. 针织物及钩编织物；61. 针织或钩编的服装及衣着附件；62. 非针织或非钩编

行业	部门	GTAP 部门	商品编码	商品目录
				的服装及衣着附件；63. 其他纺织制成品、成套物品、旧衣着及旧纺织品、碎织物
13	其他轻工业	29～31	41～49、64～67	41. 生皮（毛皮除外）及皮革；42. 皮革制品，鞍具及挽具，旅行用品、手提包及类似容器，动物肠线（蚕胶丝除外）制品；43. 毛皮、人造毛皮及其制品；44. 木及木制品、木炭；45. 软木及软木制品；46. 稻草、秸秆、针茅或其他编结材料制品，篮筐及柳条编结品；47. 木浆及其他纤维状纤维素浆、纸及纸板的废碎品；48. 纸及纸板，纸浆、纸或纸板制品；49. 书籍、报纸、印刷图画及其他印刷品，手稿、打字稿及设计图纸；64. 鞋靴、护腿和类似品及其零件；65. 帽类及其零件；66. 雨伞、阳伞、手杖、鞭子、马鞭及其零件；67. 已加工羽毛、羽绒及其制品，人造花，人发制品
14	化工产业	32～34	28～38	28. 无机化学品，贵金属、稀土金属、放射性元素及其同位素的有机及无机化合物；29. 有机化学品；30. 药品；31. 肥料；32. 鞣料浸膏及染料浸膏，鞣酸及其衍生物，染料、颜料及其他着色料，油漆及清漆，油灰及其他类似胶黏剂，墨水、油墨；33. 精油及香膏，芳香料制品及化妆盥洗品；34. 肥皂、有机表面活性剂、洗涤剂、润滑剂、人造蜡、调制蜡、光洁剂、蜡烛及类似品，塑型用膏、"牙科用蜡"及牙科用熟石膏制剂；35. 蛋白类物质、改性淀粉、胶、酶；36. 炸药、烟火制品、火柴、引火合金、易燃材料制品；37. 照相及电影用品；38. 杂项化学产品
15	橡胶塑料	35	39、40	39. 塑料及其制品；40. 橡胶及其制品

续表

行业	部门	GTAP 部门	商品编码	商品目录
16	非金属矿物制品业	36	68、69、70	68. 石料、石膏、水泥、石棉、云母及类似材料的制品；69. 陶瓷产品；70. 玻璃及其制品
17	钢铁金属制品业	37～39	72～83	72. 钢铁；73. 钢铁制品；74. 铜及其制品；75. 镍及其制品；76. 铝及其制品；77. 保留为协调制度将来所用；78. 铅及其制品；79. 锌及其制品；80. 锡及其制品；81. 其他贱金属、金属陶瓷及其制品；82. 贱金属工具、器具、利口器、餐匙、餐叉及其零件；83. 贱金属杂项制品
18	计算机、电子、光学产品	40	85、90、91、92	85. 电机、电气设备及其零件，录音机及放声机、电视图像、声音的录制和重放设备及其零件、附件；90. 光学、照相、电影、计量、检验、医疗或外科用仪器及设备、精密仪器及设备，上述物品的零件、附件；91. 钟表及其零件；92. 乐器及其零件、附件
19	机械设备产业	41～42	84	84. 核反应堆、锅炉、机器、机械器具及其零件
20	交通运输设备制造业	43～44	86～89	86. 铁道及电车道机车、车辆及其零件，铁道及电车道轨道固定装置及其零件、附件，各种机械（包括电动机械）交通信号设备；87. 车辆及其零件、附件，但铁道及电车道车辆除外；88. 航空器、航天器及其零件；89. 船舶及浮动结构体
21	其他制造业	45	23、93～96	23. 食品工业的残渣及废料、配制的动物饲料；93. 武器、弹药及其零件、附件；94. 家具，寝具、褥垫、弹簧床垫、软坐垫及类似的填充制品，未列名灯具及照明装置、发光标志、发光铭牌及类似品，活动房屋；95. 玩具、游戏品、运动用品及其零件、附件；96. 杂项制品

1. 中国对"一带一路"沿线国家出口的商品行业分析

从中国分行业对外贸易中"一带一路"沿线国家的占比来看，中国对"一带一路"沿线国家各类商品出口的占比均有所上升。① 图 2-2 表示了从 2011 年到 2020 年，中国主要出口到"一带一路"沿线国家的商品占该商品中国全球总出口额的比重。中国在水果和蔬菜的全球出口中，有超过一半是出口到了"一带一路"沿线国家，这一比例在 2020 年达到 61.74％。中国出口到"一带一路"沿线国家的油籽和植物油、甘蔗和甜菜的比例也呈上升趋势，从 2011 年的 28.91％上升到 2020 年的 56.09％。中国出口到"一带一路"沿线国家的谷物的比例从 2011 年的28.00％上升到 2020 年的 40.22％。相比而言，有一些商品中国对"一带一路"沿线国家的出口在过去 10 年变化不明显，如化工产业。可见，尽管"一带一路"沿线国家在中国出口贸易中的地位不断提升，但资源初加工产品及劳动密集型产品出口增长较快，中国对"一带一路"沿线国家出口的商品结构的优化相对滞缓。最主要的原因是，"一带一路"倡议畅通了交通，这对于低附加值、商品异质性低、更依赖交通的商品的出口更有利。虽然出口进步明显，但数据显示中国对"一带一路"沿线国家的农产品贸易长期处于逆差地位，且逆差规模在不断扩大。根据中国农业农村部

---

① 具体贸易项目的数据来自 UN Comtrade Database，截至书稿撰写时，只更新到 2020 年数据。

2019 年的数据，除新加坡、文莱、巴林、马尔代夫、巴勒斯坦以及波斯尼亚和黑塞哥维那六个国家以外，中国与其余"一带一路"沿线国家的农产品贸易总额为 4202.01 亿元，其中中国进口 2372.22 亿元，出口 1829.79 亿元，逆差达 542.43 亿元。

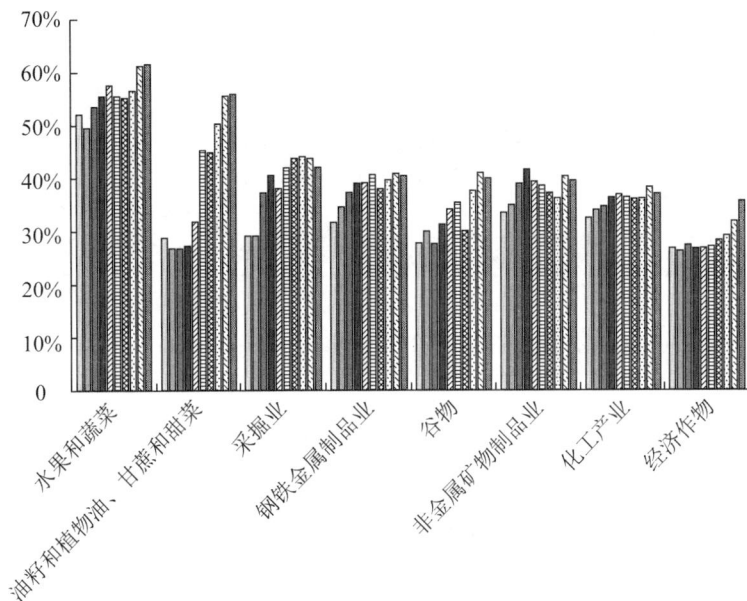

注：每个商品从左到右 10 个柱形代表从 2011 年到 2020 年，中国对"一带一路"沿线国家的出口额占该商品中国全球总出口额的比重。

图 2-2　2011—2020 年中国主要出口到"一带一路"沿线国家的商品

中国对"一带一路"沿线国家出口的商品结构有所优化，但不明显，如图 2-3 所示。2011—2020 年，中国出口到"一带一路"沿线国家的商品中，计算机、电子、光学产品始终占据主导地位，且出口额占全部中国对"一带一路"沿线国家出口额的比

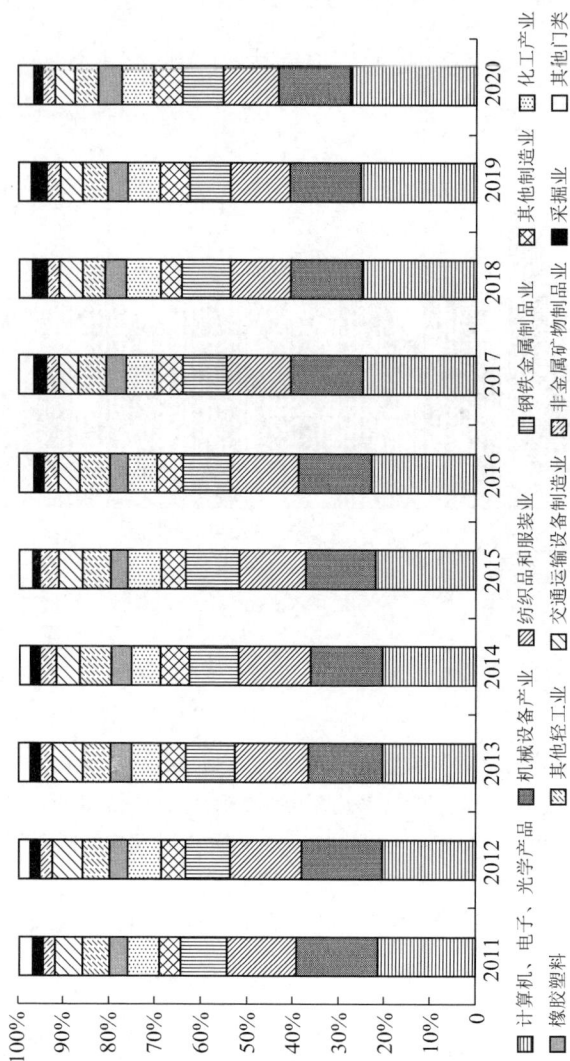

图 2-3 2011—2020 年中国出口到"一带一路"沿线国家的商品的比例变化

注：其他门类包括以下商品门类，光学产品、计算机，电子，即水果和蔬菜，纺织品和服装业，机械设备产业，橡胶塑料，交通运输设备制造业，食品加工制造业，渔业，经济作物，烟酒制造业，动物制成品，油籽和植物油，谷物，甘蔗和甜菜，林业，活动物。因各自所占比重较小，故合计进行分析。

例有所攀升，2020年接近30％。机械设备产业的出口额占比一直比较稳定，在15％～18％浮动。纺织品和服装业的出口额占比有所下降，从2011年的15.22％下降到2020年的11.63％。钢铁金属制品业的出口额占比一直稳定在10％左右。可以看出，2011—2020年，中国对"一带一路"沿线国家出口的贸易格局变化不大。结合图2-3分析，中国对"一带一路"沿线国家资源初加工产品贸易的扩大，并没有明显改变贸易格局。究其原因是资源初加工产品附加值较低，产生的贸易额较小。

2. 中国从"一带一路"沿线国家进口的商品行业分析

相较于出口，中国进口行业结构变化更为复杂，主要体现在不同商品类别的发展趋势各异。我们选取了占比最大的十大类商品，可以看出中国从"一带一路"沿线国家进口的重点行业主要集中在劳动密集型和资源密集型行业（图2-4）。中国从"一带一路"沿线国家进口经济作物的需求一直旺盛，经济作物的进口占比在近十年呈现波动式上升趋势，到2020年中国自"一带一路"沿线国家进口经济作物的占比达到68.08％。中国对水果和蔬菜的进口依赖程度较前几年有所下降，但依然维持在50％以上的较高水平。谷物行业，中国从"一带一路"沿线国家进口的占比在近十年提高了，截至2020年，中国自"一带一路"沿线国家进口谷物的占比达到45.89％；采掘业，中国自"一带

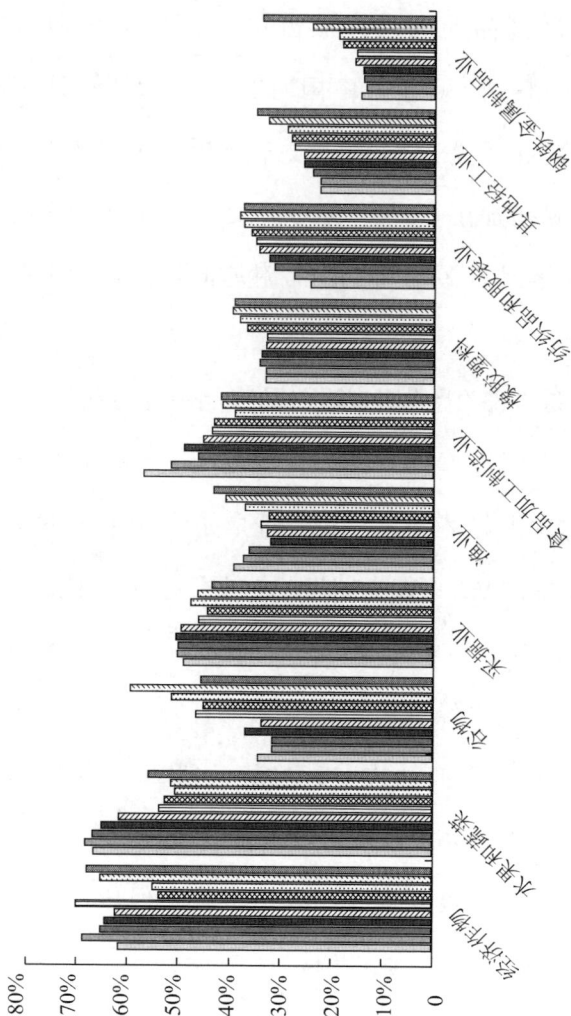

注：每个商品从左到右 10 个柱形代表从 2011 年到 2020 年，中国从"一带一路"沿线国家的进口额占该商品中国全球进口总额的比重。

图 2-4　2011—2020 年中国主要从"一带一路"沿线国家进口的商品

一路"沿线国家进口的占比一直稳定在 40%～50%；渔业，中国自"一带一路"沿线国家进口的占比一直稳定在 30%～45%；食品加工制造业，中国自"一带一路"沿线国家进口的占比在近十年下降了，从 2011 年的 56.85% 下降到 2020 年的 42.03%；橡胶塑料、纺织品和服装业、其他轻工业三个行业的进口占比相对比较稳定；钢铁金属制品业，中国自"一带一路"沿线国家进口的占比在近几年有很大攀升，从 2011 年的 14.51% 上升到 2020 年的 33.36%。

总结来看，中国对"一带一路"沿线国家的经济作物、水果和蔬菜的依赖性一直较强，谷物、纺织品和服装业、其他轻工业与钢铁金属制品业的进口增长了，且增幅明显，这些行业对进口的依赖性日益增强。中国对采掘业、食品加工制造业的进口依赖程度日趋减弱。

图 2-5 展示了中国从"一带一路"沿线国家进口的不同商品的进口额占比。在中国从"一带一路"沿线国家进口的全部进口额中，采掘业占了很大比重，在 2014 年及之前，进口额占比接近 50%，但在 2015—2017 年进口额占比出现明显下降，2018 年又有所上升。进口额占比第二大的是计算机、电子、光学产品，其进口额从 2011 年的 710 亿美元上升到 2020 年的 1419 亿美元。钢铁金属制品业的进口额占比也扩大了，进口额从 2011 年的 172 亿美元上升到 2020 年的 402 亿美元。其他轻

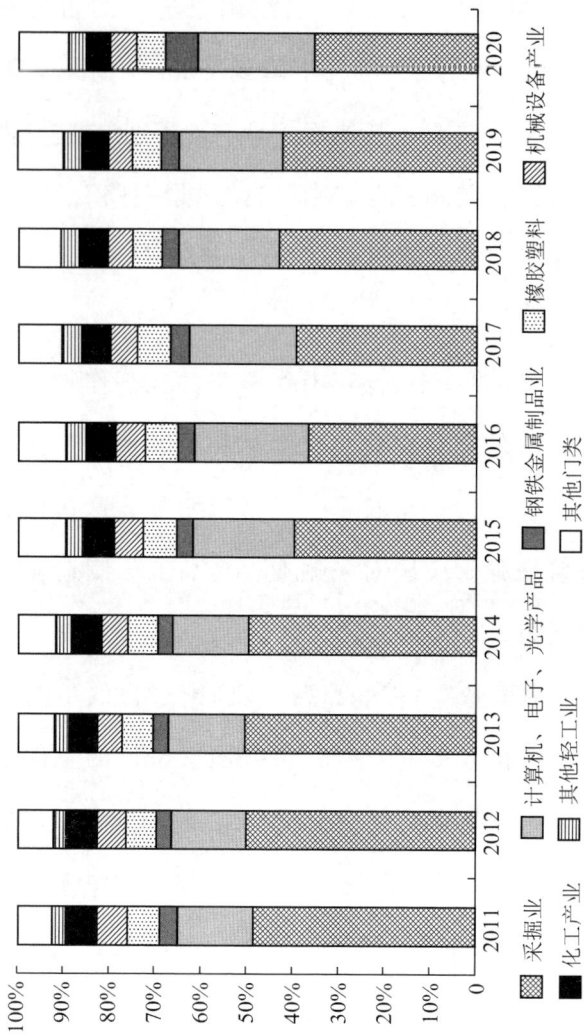

图 2-5 2011—2020 年中国从"一带一路"沿线国家进口商品的比例变化

注：其他门类包括以下商品门类：即食品加工制造业、交通运输设备制造业、纺织品和服装业、水果和蔬菜、渔业、谷物、其他制造业、动物制成品、经济作物、油籽和植物油、甘蔗和甜菜、非金属矿物制品业、烟酒制造业、林业、活动物。因各自所占比重较小，故合计进行分析。

工业的进口额在近十年处于稳定增长的状态；橡胶塑料、机械设备产业、化工产业的进口额在近十年保持相对稳定。

(四)中国对"一带一路"沿线国家进出口的地区层面分析

1. 中国对"一带一路"沿线国家出口的地区层面分析

中国出口商品以机械设备及纺织品和服装为主，但受"一带一路"沿线国家不同需求结构的影响，中国对不同国家出口的商品结构略有区别。我们按照地域，把"一带一路"沿线国家划分为六大板块，分别是俄蒙、中亚、东南亚、南亚、中东欧、西亚北非。如图 2-6 所示，中国对中亚国家出口以纺织品和服装业为主，其次为机械设备产业，2020 年两者的出口额占比达 28.81%、15.96%。中国对其他五大板块的出口以计算机、电子、光学产品为主，其次为机械设备产业。2020 年，在中国对中东欧国家的出口中，计算机、电子、光学产品以及机械设备产业的出口额占比达 56.10%；在中国对俄蒙、东南亚和南亚的出口中，这两个行业的出口额占比约为 45%；在中国对西亚北非的出口中，这两个行业的出口额占比为 38.27%。

可以看出，中国对"一带一路"沿线国家的出口尽管有区域贸易额差距，但出口到不同区域的商品门类较为统一。在"一带

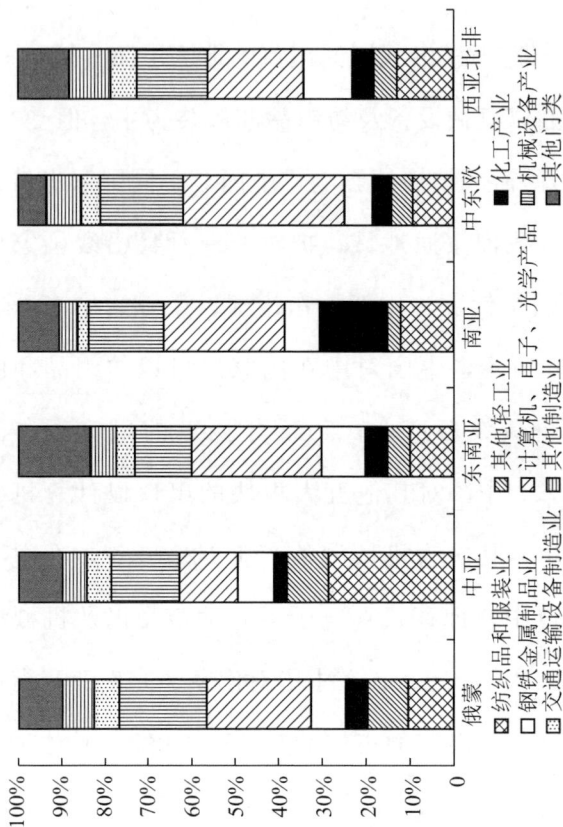

图 2-6　2020 年中国出口到不同地区的商品额

注：其他门类包括以下商品门类，即谷物，水果和蔬菜，油籽和植物油，甘蔗和甜菜，经济作物，活动物，动物制成品，林业，渔业，采掘业，食品加工制造业，烟酒制造业，橡胶塑料和非金属矿物制品业。因各自所占比重较小，故合计进行分析。

一路"贸易中，中国在纺织品和服装业，计算机、电子、光学产品，机械设备产业具有明显的比较优势。

2. 中国从"一带一路"沿线国家进口的地区层面分析

在进口方面，由于"一带一路"沿线国家资源及产业结构的不同，因此中国进口的商品结构存在显著差异，详见图 2-7。地理上，俄蒙、中亚、西亚北非能矿资源丰富，中国对这三大板块形成了能源绝对主导的单一型进口商品结构。根据 2020 年的数据，在中国与俄蒙（主要是俄罗斯）、中亚、西亚北非三大板块的进口贸易中，采掘业占比达 68.72%、65.59%、75.44%。此外，中国从中亚进口的钢铁金属制品占总进口额的 21.07%。中国从东南亚进口的商品主要为计算机、电子、光学产品，占比为 43.89%。中国从南亚和中东欧进口的商品结构相对多元化。中国从南亚进口的商品中，采掘业占比为 23.87%，钢铁金属制品业占比为 19.91%。中国从中东欧国家进口的商品中，主要有交通运输设备制造业，计算机、电子、光学产品，这二者加起来的进口额为 42.63%。

从进口商品结构角度分析，中国对"一带一路"沿线国家能源类商品的依赖性还是很强的。俄蒙、中亚、西亚北非对中国采掘业出口的比较优势显著。东南亚出口到中国的商品主要集中在计算机、电子、光学产品，除此之外的商品对中国的出口结构相对均衡。在南亚出口到中国的商品中，采掘业占有一定

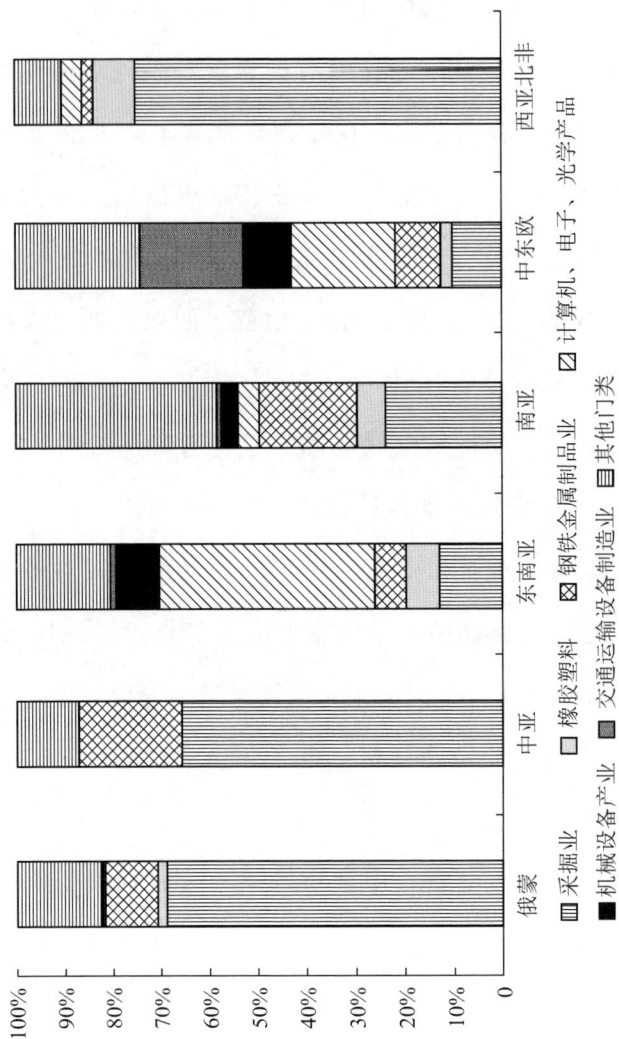

图 2-7 2020 年中国从不同地区进口的商品额

注：其他门类包括以下商品门类：即合物、水果和植物、油籽和植物油、甘蔗和甜菜、经济作物、活动物、动物制成品、林业、渔业、食品加工制造业、烟酒制造业、纺织品和服装业、其他轻工业、化工产业、非金属矿物制品业、其他制造业。因各自所占比重较小，故合计进行分析。

图例：采掘业　橡胶塑料　钢铁金属制品业　计算机、电子、光学产品　机械设备产业　交通运输设备制造业　其他门类比例。在中东欧出口到中国的商品中，交通运输设备制造业、计算机、电子、光学产品比较优势显著。

总体上，中国从"一带一路"沿线国家进口的商品结构与这些国家的出口优势行业基本一致。俄蒙、中亚、西亚北非对中国的出口是能源主导的单一型商品结构，东南亚主要出口计算机、电子、光学产品，南亚和中东欧对中国的出口相对多元化。

二、中国与"一带一路"沿线国家贸易发展的制度安排

(一)全球贸易协定的发展概况

中国与"一带一路"沿线国家的经贸关系得到稳步发展，具有法律约束力的制度在其中发挥了至关重要的作用。需要指出的是，涉及制度安排的内容，主要是通过双边和多边贸易、投资协定等文件进行分析的。在1995年世界贸易组织成立之前，平均每年大约有3个区域贸易协定被通报到关税及贸易总协定，1995年以来已增长到平均每年16个左右。① 在新冠肺炎疫情造成的贸易环境恶化和一些国家采取贸易限制的背景下，区域贸易协定的数量仍然增势明显。2021年上半年就有17个区域贸易

---

① 参见世界贸易组织网站。

协定被通报到世界贸易组织。① 目前，每一个世界贸易组织成员均参与了至少一个区域贸易协定。根据世界贸易组织的数据，截至 2022 年 3 月 1 日，已有 354 个区域贸易协定生效。② 根据区域贸易协定，贸易壁垒的减少仅适用于协议各方。世界贸易组织下有两种主要的区域贸易协定——关税同盟和自由贸易区。一些国家还可能签署临时协议，这些协议在过渡期间运作，有利于建立关税同盟或自由贸易区。1995 年，区域贸易协定签署方覆盖的贸易额仅为全球货物贸易的四分之一，2019 年已接近全球货物贸易的一半。③

多年来，区域贸易协定的数量在增加，范围在扩大，大型多边协定显著增加。截至 2022 年 3 月 1 日，关于生效的区域贸易协定的相关通报文件有 577 份。④ 广泛参与世界贸易组织框架下区域贸易协定的国家集中于北美、欧洲、大洋洲和东亚，非洲、西亚和中亚参与度较低，这与国家的经济和外贸发展程度是紧密相关的。

从区域贸易协定的签订对象来看，在 354 个区域贸易协定里，有 215 个是两国间的双边贸易协定，76 个是国家与区域间的双边贸易协定或两区域间的双边贸易协定，其他是多边贸易协定；自由贸易协定有 309 个，占全部区域贸易协定总

---

① 参见世界贸易组织网站。
② 参见世界贸易组织网站。
③ 参见世界贸易组织网站。
④ 参见世界贸易组织网站。

数的 87.29%。① 从区域贸易协定的覆盖范围来看，有单纯覆盖货物贸易的协定，有货物贸易和服务贸易均包含的协定，有单纯覆盖服务贸易的协定。截至 2018 年，中国参与了 16 个自由贸易协定，合作对象有东盟、澳大利亚、智利、哥斯达黎加、格鲁吉亚、韩国、毛里求斯、新西兰、冰岛、巴基斯坦、秘鲁、瑞士等。通过相关数据资料我们发现，截至 2018 年，中国的自由贸易伙伴覆盖了亚洲、大洋洲、拉丁美洲、欧洲和非洲，包括中国和东盟的自由贸易协定、中国和巴基斯坦的自由贸易协定以及中国和新加坡的自由贸易协定等。同时，中国正在推进中国—海合会、中国—马尔代夫、中国—斯里兰卡和中国—以色列的自由贸易区谈判，与蒙古、尼泊尔、孟加拉国、摩尔多瓦等国家开展自由贸易协定的联合可行性研究。中国与巴基斯坦、新加坡已经有了自由贸易协定，现在开展新的自由贸易协定升级的谈判。除此之外，中国还在亚太贸易协定下，与印度、斯里兰卡、孟加拉国和老挝进行了结束关税减让谈判，这些都是"一带一路"沿线国家。

(二)中国与区域全面经济伙伴关系协定

2022 年 1 月 1 日，区域全面经济伙伴关系协定（Regional Comprehensive Economic Partnership，RCEP）正式生效，文莱、

---

① 参见世界贸易组织网站。

柬埔寨、老挝、新加坡、泰国、越南 6 个东盟成员国和中国、日本、新西兰、澳大利亚 4 个非东盟成员国正式开始实施协定。区域全面经济伙伴关系协定是 2012 年由东盟发起的，涉及东盟十国和中国、日本、韩国、印度、澳大利亚、新西兰 16 个国家，是目前全球最大的区域自由贸易区。以 2019 年的数据为例，从人口规模看，区域全面经济伙伴关系协定涵盖的人口达到 22.69 亿；从 GDP 总量看，区域全面经济伙伴关系协定成员国的 GDP 达到 25.84 万亿美元，占全球的 29.49％；商品贸易总量达 10.27 万亿美元，占全球商品贸易额的 26.77％。表 2-3 整理了目前全球比较大的几个自由贸易协定的情况。

亚太地区一直以来是中国对外经贸合作的重点区域，尤其是东盟，在中国对外经贸合作中的地位越来越突出。

在贸易方面，在区域全面经济伙伴关系协定成员国中，除日本外，中国与其他成员国都签订了自由贸易协定，整体的贸易开放度较高。结合 2014 年以来中国与区域全面经济伙伴关系协定成员国贸易的实际情况看，在区域全面经济伙伴关系协定正式生效后，中国与成员国之间的贸易规模还会有一定的增长，尤其是中日贸易。

区域全面经济伙伴关系协定与"一带一路"倡议将会相互促进，共同发展。因为区域全面经济伙伴关系协定的多数成员国也是 21 世纪海上丝绸之路的重要节点国家，而区域全面经济伙伴关系协定的成功落地签署，也离不开"一带一路"倡议的成

表 2-3 全球规模比较大的四个自由贸易协定

自由贸易协定的名称	年份	GDP		贸易		人口(亿)	成员国
		2010年	2019年	2010年	2019年	2019年	
区域全面经济伙伴关系协定	数量(万亿美元)	16.22	25.84	7.65	10.27	22.69	中国、日本、韩国、印度、澳大利亚、新西兰、东盟十国
	全球占比(%)	24.53	29.49	24.70	26.77		
北美自由贸易协定	数量(万亿美元)	17.66	24.37	4.65	6.05	4.95	美国、加拿大、墨西哥
	全球占比(%)	26.70	27.79	15.02	15.76		
全面与进步跨太平洋伙伴关系协定	数量(万亿美元)	10.65	11.20	4.73	5.79	5.03	日本、澳大利亚、文莱、加拿大、智利、马来西亚、墨西哥、新西兰、秘鲁、新加坡、越南
	全球占比(%)	16.10	12.76	15.30	15.08		
非洲大陆自由贸易协定	数量(万亿美元)	1.70	2.40	0.68	0.72	12.3	尼日尔等非洲44个国家为初始成员国。后来博茨瓦纳、贝宁等10国相继加入
	全球占比(%)	2.57	2.70	2.20	1.88		

注：作者根据世界银行数据整理。

功推进。"一带一路"倡议通过其设施联通和贸易畅通,使得中国与区域全面经济伙伴关系协定成员国间的经贸关系更加紧密。同时,区域全面经济伙伴关系协定属于贸易畅通的范畴,通过制度性的协定安排,区域全面经济伙伴关系协定为各成员国提供了货物、服务、资金、人员、技术和信息跨境流动的更便利的条件,提高了各方开展贸易投资活动的效率。区域全面经济伙伴关系协定全面实施后,利用其自身的制度性安排优势,将使更多国家、企业参与到"一带一路"倡议中来,从而扩大"一带一路"倡议的影响力。

第三章 | 国际贸易的相关理论

所谓国际贸易理论是解释为什么有国际贸易，以及作为一个国家应当如何对待国际贸易的一系列思想。作为发展中国家，中国应该以什么样的国际贸易理论作为指导，一直以来在学术界都有一定的争议。有学者认为，传统国际贸易理论对于中国这样的发展中国家同样具有适用性。但反对声音认为，传统国际贸易理论，本质上是以发达国家的经验为基础、以服务于发达国家为目的的，所以应该发展一套适用于发展中国家的国际贸易理论。

本章将介绍传统国际贸易理论和新国际

贸易理论，也介绍学术界讨论的适用于发展中国家的国际贸易理论。

一、传统国际贸易理论

传统国际贸易理论指的一般是古典和新古典国际贸易理论。古典国际贸易理论在学术界的确认始于 19 世纪初，即以李嘉图（David Ricardo）提出比较优势理论为标志。学术界普遍认为李嘉图的比较优势理论是在亚当·斯密（Adam Smith）的绝对优势理论基础上发展起来的。1776 年，《国民财富的性质和原因的研究》一书发表，亚当·斯密在书中提出，国际贸易的原因是国与国之间存在绝对成本差异。根据这一理论，国际分工应该按照地域、自然条件以及绝对成本差异进行。李嘉图发展了这个观点，认为每个国家不一定要生产各种产品，而应该集中精力去生产那些利益较大或者不利较小的产品。该理论的基本假设为，两个国家之间存在技术差异导致的比较优势。比较优势可以分为静态的和动态的，当一方进行一项生产时所付出的机会成本比另一方低时，这一方就拥有了进行这项生产的比较优势。鉴于这种比较优势的存在，两国将各自专业化地生产其具备比较优势的产品，同时将此种产品出口给对方。也正是因为比较优势的存在，贸易双方都将从贸易中获益。

古典国际贸易理论的模型仅仅考虑了比较优势这一单一要素，其结构过于简单，结论也相对单一，难以全面地分析国际贸易产生的原因，但其作为国际贸易理论的基础这一地位还是不可动摇的。

新古典国际贸易理论产生于 20 世纪上半叶，赫克歇尔(Eli Filip Hecksher)和俄林(Bertil Gotthard Ohlin)提出用要素禀赋差异来解释国际生产差异。他们提出了赫克歇尔-俄林理论，也简称为 H-O 理论。其内涵为：一国对于相对密集使用要素禀赋相对丰富的产品具有比较利益，应专业生产且出口此种产品，而进口相对密集使用要素禀赋相对稀缺的产品。故此理论也被称为要素禀赋论，或要素相对稀缺性理论。假设两个国家存在劳动力和资本两种生产要素，生产两种产品，那么 H-O 理论进一步建立假设：第一，两国劳动力和资本数量不同，但是是固定的，即不会随着时间和情况发生变化；第二，完全竞争的市场结构，即企业零利润，收益等于成本，竞争使得要素价格等于产品价格乘要素边际生产率，而且要素可以自由流动到要素价格较高的产业中；第三，假设两个国家的技术一样，偏好相同，那么在两国—两要素—两产品的贸易中，每个国家都会出口相对密集使用要素禀赋相对丰富的产品，进口相对密集使用要素禀赋相对稀缺的产品。两国要素价格与产品生产的要素密集度不同导致产品生产率的差异,从而产生比较成本差异,国际贸易于是发生。

H-O 理论从要素禀赋结构差异以及由这种差异所导致的要素相对价格在国际的差异方面来寻找国际贸易发生的原因,克服了李嘉图国际贸易理论的局限性。

1952 年,美国经济学家里昂惕夫(Wassily Leontief)利用投入产出分析方法对美国 1947 年的外贸商品结构进行了具体分析,其目的是对 H-O 理论进行验证。他把生产要素分为资本和劳动力两种,计算得出美国出口商品和进口商品中所含的资本与劳动力的密集程度。结果显示,美国出口商品有劳动密集型特征,而进口商品相较更具有资本密集型特征。这个验证结果与 H-O 理论正好相反。这一结论也被称为里昂惕夫悖论。

之后有经济学家陆续从不同角度对里昂惕夫悖论产生的原因进行了解释、分析,比较有代表性的是基辛(Donald Keesing)提出的熟练劳动说、凯南(Peter Kenen)提出的人力资本说和舒尔茨(Theodore William Schultz)提出的人力资本论。这三种理论认为美国虽然人口有限,但劳动者的平均劳动熟练程度很高,劳动者事实上从事的是单位时间内可以折合成多倍简单劳动的复杂劳动。以此角度来看,美国并不是一个人力资本缺乏的国家,而是一个人力资本相对丰富的国家。所以,在对外贸易中,美国出口自己优势比较大的产品,即劳动密集型产品。从这个角度分析，里昂惕夫的发现仍然符合 H-O 理论。

二、新国际贸易理论

20 世纪 80 年代初，以保罗·克鲁格曼（Paul Krugman）为代表的一批经济学家提出一系列关于国际贸易的原因、国际分工的决定因素、贸易保护主义的效果以及最优贸易政策的思想和观点，新国际贸易理论诞生。新国际贸易理论起初旨在用实证的方法解释国际贸易格局，填补传统国际贸易理论的逻辑空白，后来发展成为以规模经济和垄断竞争的市场结构为两大支柱的完整的经济理论体系，试图解释发达国家间日益增长的产业内贸易现象。新国际贸易理论对中国是否适用，也曾引起学术界讨论。

新国际贸易理论有两个核心假设。一是规模经济。规模经济是指扩大生产规模引起经济效益增加的现象，是长期平均总成本随产量增加而减少的特性。规模经济反映的是生产要素的集中程度同经济效益之间的关系。二是垄断竞争的市场结构。在规模经济存在的状况下，大的生产厂商显然比小的生产厂商更具有成本优势，因而就必然出现不完全竞争的市场结构。但是这种不完全竞争又不能达到完全垄断或者寡头垄断的程度，所以处于垄断竞争的状态。

为研究这种垄断竞争的状态，迪克西特（Avinash Dixit）和斯蒂格利茨（Joseph Stiglitz）提出了 DS 垄断竞争模型，亦称 DS 框架。在这个框架中，从供给者的角度出发，因为规模经济的存在，生产商更愿意生产较少的产品种类。从需求者的角度出发，假设多样性消费偏好的存在，那么消费者需要更多样的产品供给，这二者之间需要达到新的平衡。在这个框架中，产品被定义成一种可以不断进行细分层次的系统，又由于规模经济的存在，均衡会使每一个生产商生产一种特定的差异化产品，进而形成垄断竞争的局面。DS 框架的贡献是，在吸纳了规模经济和垄断竞争的市场结构这两个假设之后，仍然能够形成一般均衡。基于此，新国际贸易理论可以自然推导出，即使不存在国家间的技术差距和资源禀赋上的差异，对规模经济的本能追求也会导致国际贸易的发生。

在这个框架提出后不久，新国际贸易理论逐渐发展。在克鲁格曼 1979 年发表的论文[1]里面，他假设存在两个生产技术完全相同的国家，且这两个国家的资源禀赋（假设只有劳动力一种生产要素）也完全相同，两国都可以规模化地生产具有差异化性质的产品。假设两国的消费者偏好完全相同，当两国进行差异

---

[1]　Paul Krugman，"Increasing Returns，Monopolistic Competition，and International Trade,"*Journal of International Economics*，1979(4)，pp. 469-479.

化产品的行业内贸易时，相当于市场规模扩大了，两国将共同享有更多的资源。根据克鲁格曼的分析，两国的消费者相较于封闭经济都得到了更多的人均效用。这一结论提供了行业内贸易产生的原因。除克鲁格曼之外，迪克西特、赫尔普曼（Elhanan Helpman）等众多经济学家都分别将规模经济和垄断竞争的市场结构的基本假设纳入了贸易模型，逐渐丰富了新国际贸易理论。

对新国际贸易理论的一个检验是 Grubel-Lloyd 指数（简称 GL 指数）。具体计算公式是 $T_i = 1 - \left| \dfrac{X_i - M_i}{X_i + M_i} \right|$，其中 X_i 和 M_i 分别代表特定产业中特定产品的出口额和进口额。T_i 衡量贸易中产业的覆盖度。当 T_i 接近 1 时，该国的进出口更接近产业间贸易，当 T_i 接近 0 时，该国的进出口更接近完全的产业内贸易。有学者 2002 年测得美国贸易的 GL 指数为 0.137。[1] 经合组织的研究发现，其内部 29 个成员国 1996—2000 年贸易的 60％以上是产业内贸易。这都在很大程度上支持了产业内贸易的假说，也就支持了新国际贸易理论的论断。

新国际贸易理论的核心结论如下所示。第一，新国际贸易理论认为，即使两国间没有技术和要素禀赋差异，也会由于经济规模差异而产生国际贸易。这一结论在很大程度上解释了发

---

[1]　Simon J. Evenett & Wolfgang Keller, "On Theories Explaining the Success of the Gravity Equation," *Journal of Political Economy*, 2002(2), pp. 281-316.

达国家之间贸易的形成。第二，由于规模经济的存在，企业不再采用边际定价原则，存在规模报酬的行业中垄断利润可以从出口中获得。这一结论部分地解释了国际贸易中初级产品出口国贸易条件不断恶化的事实。根据新国际贸易理论的核心结论以及这些结论对于真实世界贸易事实的适应性可知：当国家间相似程度越来越高时，市场结构就会从完全竞争变为不完全竞争；当产业生产的规模经济逐渐凸显时，规模经济的作用就取代技术和要素禀赋的差异成为推动国际贸易的主要原因了。这样新国际贸易理论从根本上打破了传统国际贸易理论中关于完全竞争和规模报酬不变的假设，使自身真正成为一个具有开创性的国际贸易新理论。

三、针对发展中国家提出的国际贸易理论

反对比较优势理论的观点主要来自发展中国家的经济学家。他们认为，比较优势理论的完全竞争假设不能成立，因而比较优势理论虽然在短期内有利于世界资源的优化配置，但在长期内却导致各国贸易条件不断变化。具体来说，由于发展中国家主要出口初级产品，技术进步慢，需求弹性低，且规模收益递减，完全竞争特征明显，而发达国家主要出口技术产品，需求弹性

高，且规模收益递增，因此发展中国家与发达国家的贸易就是一种不平等贸易，发展中国家的贸易条件会日趋恶化。发展中国家如果一味奉行比较优势理论，将在国际分工中处于越来越不利的地位，落入"贫困陷阱"。所以发展中国家的经济学家相继提出了针对发展中国家国际贸易发展的理论。比较有影响力的有贸易条件理论、新依附理论、世界体系理论和新李斯特主义。尽管这些贸易理论没有像比较优势理论和新国际贸易理论那般成为国际贸易理论学术界的主流思想，但其为学者和政策制定者思考发展中国家的国际贸易相关政策提供了理论指导。

(一)贸易条件理论

1950 年，阿根廷经济学家劳尔·普雷维什(Raúl Prebisch)和德国经济学家汉斯·辛格(Hans Walter Singer)提出了中心-外围学说，并集中论述了贸易条件问题，被称为普雷维什-辛格假说。这一假说提出的历史背景是，1949 年联合国的一项研究表明，1870—1938 年，英国的贸易条件指数①从 100 上升到了 170。当时英国的贸易格局是出口工业品，而从发展中国家进口食物和原材料。基于此，普雷维什和辛格通过计算得出，在这期间发展中国家的贸易条件指数从 100 降低到了 59，所以发展

---

① 贸易条件指数是指一定时期内某国每出口一单位商品可以交换多少单位外国进口商品的比例。贸易条件指数可以在宏观上反映该国对外贸易的经济效益。

中国家的贸易状况是在逐渐恶化的。这一假说认为，由于各国技术水平和劳动生产率存在差异，因此世界经济形成了中心—外围的格局。中心即发达国家，以生产和出口工业品为主，产品价格高；外围即发展中国家，以生产和出口农产品、初级产品为主，产品价格低。这样，发展中国家的贸易条件就不利。普雷维什还提出，贸易条件除与技术水平、劳动生产率差异有关外，还决定于产品的需求收入弹性。一般来说，工业品的需求收入弹性大，农产品、初级产品的需求收入弹性小，因而在国际贸易中，发达国家的工业品需求充足，价格呈上涨趋势，发展中国家的农产品、初级产品需求不足，供给过剩，价格呈下降趋势，从而引起农产品、初级产品的贸易条件不断恶化。因此，按照中心—外围的模式开展国际贸易，国际贸易总收益的分配有利于发达国家，而不利于发展中国家。贸易条件不利会对发展中国家的国际贸易与经济发展产生很大影响，它会使发展中国家在国际贸易中面临不平等交换、出口减少、进口增加、国际收支产生逆差的状况，并进一步成为发达国家的经济附庸。为此，普雷维什等人严厉批评传统的国际贸易理论，反对实行旧的国际分工和专业化生产，提出要改变旧的世界经济和贸易格局，并且主张发展中国家实行工业化战略，以改善贸易条件。

自普雷维什-辛格假说提出以来，关于发展中国家贸易条件恶化的讨论就持续不断。在此理论的支撑下，发展中国家致力于出口工业品，进口初级产品，走工业化道路。

但是辛格在 20 世纪 70 年代重新研究后发现，1953—1975 年，尽管发展中国家在工业化的改造下加大了工业品的出口，但来自发展中国家的工业品与来自发达国家的工业品的单位价值比在逐步下降。所以，辛格进一步提出，工业品单位价值比的下降也是发展中国家贸易恶化的原因之一。20 世纪 90 年代，辛格提出，贸易条件恶化已经从单纯的中心—外围国家之间扩展到工业品内部。他计算得出，相对于发达国家，发展中国家工业品的出口价格每年下降 1％，1970—1987 年累计下降了 20％。这一发现在日后也得到了伍德（Wood）、梅泽尔斯（Maizels）等学者的认证。

这些实证发现对原有的普雷维什-辛格假说提出了挑战。学者分别从发展中国家工会力量弱小、资本工资套利、来自发达国家的跨国公司对国际贸易进行垄断，以及全球范围内工业品产能过剩等几个方面试图解释上述新现象。

（二）新依附理论

以巴西经济学家特奥托尼奥·多斯·桑托斯（Theotonio dos Santos）为代表的拉美经济学家提出了新依附理论，解释了拉美经济方面的落后，试图证明拉美的落后与其结构依附世界经济有着密切联系，并指出这种依附日益演化成复杂的形式，从商业及金融的依附到工业的依附，如今是科技的依附。不同的阶级及占优势和主导地位的群体导致了各种各样社会形态的依附。

桑托斯在《帝国主义与依附》一书中对于"依附"概念做出了系统、权威的阐述，解决了依附理论中长期存在的"依附"概念的缺失问题，并发展和完善了依附思想的理论体系。他指出，所谓"依附"指的是一种社会经济发展状况，即一些国家的经济受制于它所依附的另一国经济的发展和扩张。桑托斯对这一概念的诠释得到了依附理论学界的普遍认同。

(三)世界体系理论

美国经济学家伊曼纽尔·沃勒斯坦(Immanuel Wallerstein)吸收了马克思等人的思想，以当代社会多学科综合研究的视角，对世界体系进行了结构分析和制度分析，提出了世界体系理论，把资本主义主导下的世界体系概括为中心—半边缘—边缘模式。沃勒斯坦提出了世界体系的三种历史形态：互惠的小体系、再分配的世界帝国和现代世界体系。所谓"现代世界体系"指的就是资本主义世界经济体系。在资本主义主导下，发达的资本主义国家利用国际分工和不平等交换机制把生产剩余从外围向中心转移。沃勒斯坦还进一步详细考察了现代世界体系演变的历史过程，认为这一体系必将面临全面危机而被新的世界体系所取代。这种总体的、历史的、动态的分析，进一步突破了以国家为分析单元来考察依附关系的局限，从而将中心-外围学说发展成一种系统的世界体系论。

(四)贸易保护理论和新李斯特主义

德国经济学家弗里德里希·李斯特(Friedrich List)在其1841年出版的代表作《政治经济学的国民体系》中系统阐发了贸易保护理论，与由亚当·斯密和李嘉图倡导的自由贸易理论相对立。李斯特从德国当时经济落后的现实出发，用历史的事实论述了欧洲各国发展工商业的历史教训，证明自由贸易政策只对先进国家有利，而落后国家的工业在不具备与外国竞争的能力时，国家必须用保护关税的政策保护工业以培育其发展，实行自由贸易政策只能扼杀落后国家的工业。李斯特认为作为自由贸易政策依据的古典政治经济学的最大缺点是它是一种世界主义的经济学，忽视了民族经济发展的特点和经济发展水平的差异。

李斯特是第一位明确提出落后国家如何发展议题的经济学家，并提供了理论框架和具体的发展议程。其框架的理论基础是生产力理论，而具体的发展议程围绕工业化展开，涉及经济、社会和政治制度等问题。李斯特接纳了当时德意志地区日益盛行的"国民经济学"概念，把自己的思想称为"政治经济学的国民体系",以区别于之前的"国民经济学"概念。"国民经济学"概念把国民经济视为有机整体,以国家利益的视野来讨论国民经济,更多强调各个国家的国情差异。

他提出的"保护幼稚产业论"仅仅提倡保护本国的弱小产业,一旦这种弱小产业在政策保护下得到发展,成长到具有国际竞争能力时,就主张国家立即放弃保护政策,以利于国内资源的有效配置和产业竞争力的增强。在现实中,发展中国家借鉴李斯特的"保护幼稚产业论",提出了进口替代和出口导向相结合的贸易发展战略,涌现出巴西、墨西哥、新加坡、韩国、泰国、马来西亚、印度尼西亚、菲律宾等新兴工业化国家。

第二次世界大战之后,在反对"华盛顿共识"的当代经济学家中涌现出了一批李斯特的追随者,本·塞尔温(Ben Selwyn)把他们所提出的经济学说称为"新李斯特主义"。与李斯特经济学说相比,新李斯特主义具有四个新的特征:第一,在当代经验事实和李斯特经济学说理论解释的基础之上,致力于解决当代问题;第二,反对并摒弃李斯特反动的殖民主义思想;第三,从工业保护的李斯特经济学说发展为包括农业、服务、技术和金融等在内的范围更加广泛的保护主义学说;第四,从专为发展中国家经济发展提供理论指导的经济学说上升为一种适用于发达国家的、具有普遍解释力的经济学说。

在新李斯特主义者看来,新自由主义是造成第三世界国家日益贫困和发达国家发生金融危机的共同原因。新自由主义革命的破坏性力量首先在第三世界制造了灾难，然后摧毁了第二世界，最后它又通过国际金融危机的爆发对第一世界造成了沉重的打击。新自由主义之所以具有这样巨大的破坏性影响，是因为它抛弃了对经济活动质的理解和以主权国家间正义原则为基础的以李斯特为代表的经济学传统。新李斯特主义者剖析了新自由主义给世界经济带来的破坏性影响，提出了重建世界经济秩序的四项基本原则。[①] 首先，文明需要报酬递增活动，财富、民主和政治自由的前提条件都是一样的：多样化的报酬递增的制造业部门和知识密集型的服务业是现代文明的基础。其次，只有个人利益服从国家利益，国家生产力才能得到均衡发展。再次，一个国家首先进行工业化，然后逐渐与处于同一发展水平的国家实行经济一体化。最后，主权信贷原则：货币金融主权是一国重要的主权之一，是国家主权神圣不可侵犯的领域，只有主权国家才有权利发行作为主权信贷的不兑现纸币，货币的价值最终取决于一国政府征税的能力，一国可以通过发放主权信贷而无须外资为其经济发展进行融资。

[①] 参见贾根良：《新李斯特主义：替代新自由主义全球化的新学说》，载《学习与探索》，2012(3)。

第四章

中国和欧洲地区的贸易发展

一、中欧贸易发展历程

中国与欧共体的贸易往来可以追溯到1975年。回溯过去40多年的发展，中欧贸易大体上经历了如下四个发展阶段。

第一阶段：起步发展阶段（1975—1989年）。中国与欧共体在1975年就有了贸易往来，但由于在此期间中欧双方的贸易额在整个欧共体对外贸易份额中所占比例很小，中欧双边贸易发展速度一直比较缓慢，双边贸易发展速度远远滞后于中国经济的发展速度。1985 年，随着中欧双边《中欧贸易与经济合作协定》的签署，中欧双方相互给予最惠国待遇，双方在贸易领域的合作不断加深并扩展到多个产品领域，中欧双边贸易也由此进入了一个崭新的发展阶段。截至 1989 年，中国与欧洲的进出口贸易总额已经从 1975 年的 24 亿美元一跃提升至 235.1 亿美元。[①]

第二阶段：起伏发展阶段（1990—2001 年）。1989 年，欧共体对中国实施了严厉的经济制裁，严重影响了中欧贸易的发展。1990 年，中欧双边贸易额下降为 221.6 亿美元。[②] 自 1994 年起，欧共体开始逐渐取消所有对华制裁措施。2001 年，中国加入世界贸易组织，中欧双边贸易额增至 766.3 亿美元，促进了中欧贸易的进一步发展。[③]

第三阶段：高速发展阶段（2002—2010 年）。中国加入世界贸易组织后，随着市场经济地位的确立，经济增长大幅度提高。同一时期，10 个中东欧国家的加入使欧盟实现了历史上颇大的一次扩张。中欧贸易由此进入飞速发展时期。2003—2004 年，欧盟成员国扩大到了 25 个，此时中国成为欧盟仅次于美国的第

[①] 参见裴长洪、卢圣亮、沈进建等：《欧盟与中国：经贸前景的估量》，77～78 页，北京，社会科学文献出版社，2000。

[②] 参见裴长洪、卢圣亮、沈进建等：《欧盟与中国：经贸前景的估量》，78 页，北京，社会科学文献出版社，2000。

[③] 参见赵玉阁主编：《中国对外贸易理论与政策》，188 页，南京，东南大学出版社，2014。

二大贸易伙伴。

第四阶段：全面发展阶段（2011 年至今）。在这个阶段，中欧双方在有关双边贸易关系的问题上达成了更多的共识，在科技、能源、环保、金融、教育及文化等多项领域的合作也不断开展。目前，欧盟是中国第二大贸易伙伴，中国是欧盟第一大贸易伙伴。中欧双方的贸易规模正在稳步扩大。

二、中欧贸易现状

从贸易总量看，自中国加入世界贸易组织以来，中国和欧洲之间的贸易发展迅速。2021 年，中欧贸易额达到 8281.1 亿美元，同比增长 27.5%，创历史新高。[①] 中国保持欧盟第一大贸易伙伴地位，而欧盟是中国第二大贸易伙伴。

从具体贸易的商品看，中国与欧盟的贸易存在很强的互补性。以 2017—2019 年三年数据为例，中国出口到欧盟的前 20 类商品以发送或接收声音、图像等数据用的设备，自动数据处理设备及其部件等为主（表 4-1）。欧盟出口到中国的商品则主要是资本品，如主要载人的机动车辆（8702 的车辆除外），8701 至 8705 所列机动车辆的零件、附件（表 4-2）。因此，进一步强化中欧贸易会是双赢的结局。

[①]　参见中华人民共和国海关总署网站。

表 4-1 中国出口到欧盟的前 20 类贸易商品

排序	商品编码	商品名称	出口额（亿美元）			占出口额的比重（%）		
			2017 年	2018 年	2019 年	2017 年	2018 年	2019 年
1	8517	发送或接收声音、图像等数据用的设备	529.98	579.85	554.88	12.5	12.47	11.84
2	8471	自动数据处理设备及其部件等	402.21	432.61	433.72	9.49	9.3	9.26
3	9405	未列名灯具及照明装置；发光标志、名牌等	75.09	76.94	77.21	1.77	1.65	1.65
4	8528	监视器及投影机；电视接收装置	71.64	76.43	76.84	1.69	1.64	1.64
5	9503	玩具；娱乐用模型；各种智力玩具	72.31	71.37	73.04	1.71	1.53	1.56
6	8541	半导体器件等；已装配的压电晶体	24.71	32.69	70.58	0.58	0.7	1.51
7	4202	衣箱、手提包及类似容器	66.82	69.09	68.3	1.58	1.49	1.46
8	8473	专门或主要用于品目 8469 至 8472 机器的零件	75.61	93.87	66.76	1.78	2.02	1.42
9	8504	变压器、静止式变流器（如整流器）及电感	54.75	60.98	65.39	1.29	1.31	1.4
10	9401	坐具（包括能作两用的两用椅）及其零件	55.6	59.4	63.32	1.31	1.28	1.35
11	8516	电热水器、浸入式液体加热器等电热设备	51.23	54.91	58.78	1.21	1.18	1.25

续表

排序	商品编码	商品名称	出口额（亿美元）			占出口额的比重（%）		
			2017年	2018年	2019年	2017年	2018年	2019年
12	9403	其他家具及零件	48.08	50.96	54.36	1.13	1.1	1.16
13	8529	专门或主要用于8525至8528装置或设备的零件	54.46	52.15	52.87	1.28	1.12	1.13
14	8708	8701至8705所列机动车辆的零件、附件	43.87	50.64	50.16	1.03	1.09	1.07
15	3926	其他塑料制品及3901至3914的其他材料的制品	44.36	48.44	50.13	1.05	1.04	1.07
16	8443	印刷机器；打印机、复印机、传真机及其零件	57.04	55.61	48.36	1.35	1.2	1.03
17	9504	游艺场所、桌上或室内游戏用品	53.49	49.82	44.8	1.26	1.07	0.96
18	6110	针织或钩编的套头衫、开襟衫、外穿背心及类似品	47.01	47.18	43.36	1.11	1.01	0.93
19	8507	蓄电池，包括隔板，不论是否矩形	19.91	28.27	39.8	0.47	0.61	0.85
20	8544	绝缘电线、电缆及其他绝缘电导体；光缆	32.85	38	39.06	0.77	0.82	0.83
		小计	1881.02	2029.21	2031.72	44.36	43.63	43.37

数据来源：欧盟统计局。

表 4-2　欧盟出口到中国的前 20 类贸易商品

排序	商品编码	商品名称	出口额（亿美元）			占出口额的比重（%）		
			2017 年	2018 年	2019 年	2017 年	2018 年	2019 年
1	8703	主要载人的机动车辆（8702 的车辆除外）	252.67	263.98	243.44	11.41	10.69	9.75
2	8708	8701 至 8705 所列机动车辆的零件、附件	124.09	132.53	112.48	5.61	5.37	4.51
3	3004	由混合或非混合产品构成的药品，已配定剂量	77.36	88.81	106.5	3.49	3.6	4.27
4	8802	其他航空器；航天器（包括卫星）及运载工具	102.28	119.32	103.41	4.62	4.83	4.14
5	8542	集成电路	48.94	50.81	86.96	2.21	2.06	3.48
6	7108	金，未锻造、半制成呈粉末状	4.66	58.19	82.57	0.21	2.36	3.31
7	2709	石油原油及从沥青矿物提取的原油	36.15	48.06	53.39	1.63	1.95	2.14
8	0203	鲜、冷、冻猪肉	14.13	12.26	38.24	0.64	0.5	1.53
9	8479	本章未列名的具有独立功能的机器及机械器具	33.5	38.28	37.28	1.51	1.55	1.49
10	8537	电气控制或电力分配盘、板、台、柜等基座	32.51	38.19	36.46	1.47	1.55	1.46
11	8411	涡轮喷气发动机、涡轮螺旋桨发动机等燃气轮机	27.43	28.64	35.66	1.24	1.16	1.43

续表

排序	商品编码	商品名称	出口额（亿美元）			占出口额的比重（%）		
			2017年	2018年	2019年	2017年	2018年	2019年
12	3002	人血；医用动物血液制品；抗血清、疫苗等	22.41	26.1	34.97	1.01	1.06	1.4
13	8481	龙头、旋塞、阀门及类似品	24.85	29.06	29.35	1.12	1.18	1.18
14	9018	医疗、外科或兽医用仪器及器具	21.89	25.48	28.42	0.99	1.03	1.14
15	1901	麦精；粉、麦精和乳品制其他处未列名食品	26.75	27.68	27.88	1.21	1.12	1.12
16	8486	制造半导体器件等的机器及装置、零件及附件	21.43	38.34	26.62	0.97	1.55	1.07
17	8421	离心机；液体或气体的过滤、净化机器及装置	17.42	20.43	25.12	0.79	0.83	1.01
18	8536	电路开关、保护等电气装置，线路电压≤1000V	23.94	26.79	24.58	1.08	1.08	0.98
19	9031	未列名检测仪器、器具及机器；轮廓投影仪	26.14	28.39	24.28	1.18	1.15	0.97
20	8413	液体泵，不论是否装有计量装置；液体提升机	19.04	22.76	21.98	0.86	0.92	0.88
小计			957.59	1124.10	1179.59	43.25	45.54	47.26

数据来源：欧盟统计局。

三、"一带一路"倡议与欧洲

"一带一路"倡议对于欧洲的发展而言，无疑是重要的，因为"一带一路"倡议的陆上终点正是欧洲国家。"一带一路"倡议主要有两个部分的内容：一是基础设施建设，二是推进区域贸易协定。基础设施，特别是交通基础设施的建设，可以显著减少运输成本，突破跨境贸易的瓶颈，这是欧洲国家从"一带一路"倡议中可以获得的明显的好处。历史上，中国和欧洲的贸易以海运为主。中国出口需要经历的平均对外运输距离达到16233千米，其中与西欧的距离超过这一平均数值：中国运输到德国的距离是21428千米，运输到西班牙的距离是18062千米，运输到法国的距离是20877千米。中国对外双边贸易的平均海运时间是610小时，而中国对欧洲的双边贸易海运时间是730小时，远远超过了中国对外双边贸易的平均海运时间。由此可见，基础设施建设薄弱带来的运输成本，已经成为制约中欧贸易的重要因素。亚欧大陆本身的距离优势并没有发挥出来。

从中国到欧洲这个巨大的地理区域涵盖了92个国家和约占世界70％的人口，创造了全球GDP总量的63.7％（2020年数据）。从中国伸向欧洲的"一带一路"沿线国家的经济代表了世界经济很大的一部分。"一带一路"倡议对铁路和港口等基础设施建设的新投资，会通过降低运输成本和增加贸易量来影响中国和欧洲之间的关系。从进口和出口的贸易角度分析，"一带一路"倡议对欧洲的正面作用有三个。第一是数量效应，贸易通道的畅通势必带来更多的贸易量。有研究显示，铁路、航空和海运成本每降低 10%，贸易额就会分别增加 2%、5.5% 和 1.1%。[①] 第二是结构效应，路上交通的畅通也在一定程度上进一步发展了贸易地区的竞争优势。例如，欧洲国家通过铁路从中国进口的产品中，有一半是计算机、打印机、电视和显示器，而欧洲国家出口到中国的产品中有 1/3 是汽车零部件。所以，铁路的发展将对受这些产品影响的国家产生更大的作用。第三是物流带动效应，"一带一路"倡议在畅通中国和欧洲的同时，也通过铁路和港口畅通了欧洲内部。这些基础设施将降低欧洲地区的交易成本，提高欧洲地区的竞争能力。

　　除去由贸易本身带来的经济效益之外，"一带一路"倡议还从两个方面带动了欧洲经济的发展。

　　第一，"一带一路"倡议给欧洲带来了更多的资本流入。2020 年，中国对欧盟的直接投资存量达到 830.2 亿美元，占中

---

① Alicia Garcia Herrero & Jianwei Xu, "China's Belt and Road Initiative: Can Europe Expect Trade Gains?," *China & World Economy*, 2017(6), pp. 84-99.

国对发达经济体直接投资存量的 32.7％。① 2020 年，中国对欧洲的直接投资流量达 126.9 亿美元，同比增长 20.6％，占中国对外直接投资流量的 8.3％。② 2013—2020 年，中国对欧盟直接投资的产业结构不断变化，制造业和采矿业逐渐取代以往的金融业、租赁和商务服务业，成为直接投资的支柱产业。2020 年，中国对欧盟制造业和采矿业的直接投资存量占中国对欧盟直接投资存量的 53.3％；中国对欧盟制造业和采矿业的直接投资流量占中国对欧盟直接投资流量的 57.1％。③ 欧洲国家积极融入"一带一路"倡议，充分利用中国及其他发展中国家的资本，能够有效刺激欧洲金融业和制造业的发展活力，巩固欧洲经济增长的基础。

第二，"一带一路"倡议带动了欧洲的就业。2020 年年末，中国共在欧盟设立直接投资企业近 2800 家，覆盖欧盟的全部成员国，雇用外方员工近 25 万人。此外，"一带一路"倡议在欧洲还通过实现对基础设施的改造而带来就业。众所周知，欧洲的航空、铁路、高速公路系统完成于 20 世纪 60 年代，多数已接近使用年限，急需大修大补或重建。根据麦肯锡公司的估算，

---

① 参见中华人民共和国商务部、国家统计局、国家外汇管理局：《2020 年度中国对外直接投资统计公报》，23 页，北京，中国商务出版社，2021。

② 参见中华人民共和国商务部、国家统计局、国家外汇管理局：《2020 年度中国对外直接投资统计公报》，16 页，北京，中国商务出版社，2021。

③ 参见中华人民共和国商务部、国家统计局、国家外汇管理局：《2020 年度中国对外直接投资统计公报》，38 页，北京，中国商务出版社，2021。

每10亿美元的基础设施投资将带来1.3万个至2.2万个就业岗位。2009—2018年，欧洲16国[①]道路基础设施投资额与就业人数年增长率呈现同步增长的趋势，道路基础设施投资由1003.43亿欧元增长到5785.62亿欧元，年均增长率是26.78%，而就业人数增加了375.28万。[②] 欧洲各国融入"一带一路"倡议，带动基础设施更新换代，不仅能缓解政府的公共债务危机，还能大幅增加就业岗位，为欧洲整体经济的可持续发展奠定坚实的基础。

四、中欧班列

(一)中欧班列的发展历程和现状

亚欧大陆东面是活跃的东亚经济圈，西面是发达的欧洲经济圈，中间广大腹地经济发展潜力巨大，特别是"一带一路"沿线国家资源、禀赋各异，经济互补性强，合作空间广阔。中欧

---

① 具体为：奥地利、保加利亚、克罗地亚、塞浦路斯、捷克、丹麦、芬兰、匈牙利、意大利、拉脱维亚、立陶宛、马耳他、波兰、斯洛伐克、斯洛文尼亚、瑞典。

② 参见张辉、姜峰：《欧洲融入"一带一路"建设的动力与路径研究》，载《国际贸易》，2020(10)。

班列是按照固定车次、线路、班期等开行，运行于中国与欧洲以及"一带一路"沿线各国的集装箱国际铁路联运班列，分别从中国重庆、成都、郑州、武汉、苏州、义乌等城市开往德国、波兰、西班牙等国家的主要城市。

中欧班列自 2011 年在重庆首发，开往德国杜伊斯堡，在当时被称为"渝新欧"。其初衷是解决惠普公司重庆生产基地的笔记本电脑运输困境。多年以前，重庆生产的大部分笔记本电脑需要通过海铁联运的方式运往欧洲，运输时间长是面临的一个重要问题。后来在惠普公司落户重庆之后，当地政府为了突破运输瓶颈，实现政府和企业的双赢，向国家相关部门申请开通了重庆到欧洲的铁路大通道。"渝新欧"最终于 2011 年，从重庆市团结村站首发，途径西安、兰州、达州、乌鲁木齐等城市，再通过北疆铁路抵达阿拉山口口岸，境外经过俄罗斯、哈萨克斯坦、白俄罗斯、波兰等国家，最终抵达德国杜伊斯堡。此班列总运输距离大约 1.1 万千米，运输时间约 15 天，之后武汉、长沙等城市也纷纷效法，开启了前往欧洲的国际铁路集装箱班列。2012 年，中欧班列开通了武汉到捷克帕尔杜比采的线路，此线路被称为"汉新欧"，总距离约 1.03 万千米，运输时间约 17 天。2013 年 4 月，成都至波兰罗兹的"蓉欧班列"开通。同年 7 月，郑州开往德国汉堡的线路也正式投入运营。同年 9 月，苏州到波兰华沙的铁路也正式开通。2014 年 10 月，长沙至德国杜伊斯堡的"湘欧快线"正式开行。中欧班列的规模迅速扩大。

2013 年"一带一路"倡议提出之后，中欧之间的铁路运输发展更加迅速，2014 年开通了义乌至西班牙马德里的线路，2015 年和 2016 年先后开通了哈尔滨到俄罗斯比克良、哈尔滨到德国汉堡、兰州到德国汉堡、保定到白俄罗斯明斯克、西宁到比利时安特卫普、广州到俄罗斯莫斯科的线路。其中，2016 年 6 月 8 日，中国国家铁路局正式统一了中欧班列的品牌，包括其标识和命名，以增强其影响力和市场竞争力。之后，中欧班列的线路持续增加，其班次也逐渐增多。2016—2021 年，中欧班列年开行数量由 1702 增长到 15183，年均增长 55%，运输货物品类扩大到汽车配件及整车、化工、机电、粮食等 5 万余种，年运输货值由 80 亿美元提升至 749 亿美元，在中欧贸易总额中的占比从 1.5% 提高到 8%。[①]

开行伊始，中欧班列曾面临货源短缺的窘境，2011 年仅开行 17 列。如今，一柜难求、"摇号订舱"已成为中欧班列的运营常态。截至 2022 年 1 月 29 日，中欧班列累计开行超 5 万列，运送货物超 455 万标箱，货值达 2400 亿美元，通达欧洲 23 个国家 180 个城市。[②] 随着"一带一路"倡议深入推进，中国与欧洲国家的贸易往来发展迅速，物流需求旺盛，贸易通道和贸易方

---

① 参见中华人民共和国中央人民政府网站。
② 参见齐慧：《中欧班列累计开行超五万列》，载《经济日报》，2022-02-09。

式不断完善，中欧班列为支撑中国和欧洲的贸易往来发挥了极其重要的作用。中欧班列，构建了"一带一路"沿线国家贸易互利共赢的桥梁，促进了亚欧陆路运输的新发展，带动了"一带一路"沿线国家经济的快速发展，为推动"一带一路"倡议高质量发展提供了有力支撑。

（二）中欧班列良好发展的基础

1. 外部环境良好

中欧班列快速发展，首先得益于东亚和西欧的产业互补这一客观事实，中欧班列本质上反映了中国和欧洲日渐紧密且深度依赖的经济关系。中欧班列从"渝新欧"开始，就是经济发展内在驱动使然。中欧班列释放了亚欧陆路物流和贸易潜能，也为亚欧发展创造了新空间。中欧班列之所以能够真正推进互联互通，是因为中欧班列是在原来各国原有铁路"联"的基础上"通"起来的。第二个良好的外部环境是较为稳定的双边关系。中欧外交关系总体良好，经济联系紧密，促进了互联互通、互利合作。欧洲各国也都看到了中欧班列发展的双赢局势，因此也高度重视。中国相关部门与班列沿线国家对口部门建立了国际协调合作机制，保障班列持续健康发展。

2. 中国制造业的健康发展

2020 年，突如其来的新冠肺炎疫情，使世界贸易秩序被严重破坏。尽管中国遇到了从零售餐饮、住宿旅游、交通运输、文化娱乐等行业营收大幅下滑，到制造业、房地产等因人流、物流受限而复工复产缓慢等困难，但凭借对形势的准确把握和相关政策的精心安排，中国成为 2020 年全球唯一实现货物贸易正增长的主要经济体。远程办公、在线教育、在线医疗、生鲜物流等科技公司异军突起，给中国经济发展带来了新的机遇。相比之下，欧美国家经济发展缓慢甚至衰退。新冠肺炎疫情导致经济复苏疲软已经成为不争的事实，中国经济对于世界市场意义重大。

近年来，由于供给侧改革和产业结构优化升级等因素，中国制造业稳步增长，产业体系逐渐健全，行业构成日渐多元，国际影响力和竞争力持续提升。中欧班列的持续运行极大地促成中国制造品和中国智造品的海外输送，提升了中国的国际知名度。随着中欧班列运营规模的不断扩大，其运输的产品种类也逐渐多样化，由最初的电子设备和信息技术产品逐渐扩大到高档衣物、机器配件等各类高附加值货物，涵盖人们生产生活的多个方面，满足世界人民的不同需求。

新冠肺炎疫情的全球暴发使中国看到了智能工厂、智能制造进一步发展的必要性。中国提出要推进自动化和柔性化生产，聘用更多高科技人才以及高技能、多技能复合型工人，减少对人工的依赖，更好地应对特殊情况带来的劳动力波动。零部件

标准化、物流智能化、加强供应链抗风险能力将受到越来越多
的重视。

3. 中欧金融合作平台的发展

中欧班列沿线国家基础设施建设需求大，为了解决沿线国
家的融资困难问题，从 2013 年筹备亚洲基础设施投资银行开
始，中国就与欧洲在金融和相关平台发展上紧密合作。欧洲有
18 个国家是亚洲基础设施投资银行的创始成员国。截至 2022 年
2 月，亚洲基础设施投资银行中的欧洲成员国有 27 个，分别为：
奥地利、丹麦、法国、德国、意大利、卢森堡、荷兰、西班牙、
瑞士、英国、瑞典、芬兰、挪威、冰岛、俄罗斯、葡萄牙、波
兰、马耳他、比利时、匈牙利、爱尔兰、塞浦路斯、希腊、罗
马尼亚、白俄罗斯、塞尔维亚、克罗地亚。中国积极参与欧洲
复兴银行建设，德国商业银行等欧洲银行巨头纷纷与中国的银
行建立商业联系和商业备忘录。中欧间金融合作平台不断发展，
将为中欧班列的发展以及沿线通道、口岸建设提供强大的资金
支持。

中欧班列的开通为中国与沿线国家的贸易往来提供了重要
的运输通道，极大地释放了中国与沿线国家贸易发展的潜能。
2020 年，新冠肺炎疫情在全球肆虐，导致全球运力受到强烈冲
击。中欧班列依靠高稳定性和高性价比的优势，逆势上升，总
体开行量和运输总量不断攀升，在世界范围内保障了防疫物资

的运送以及供应链的安全等。但是中欧班列在促进中国与欧洲贸易发展的过程中仍然面临诸多的困境。第一，欧洲经济发展缓慢、需求增速慢，直接导致了回程中始终存在班列空箱率高的问题，造成运量的极大损耗。回程率低是目前制约中欧班列发展的重要因素。第二，贸易保护主义抬头。近年来，经济全球化进程不断受挫，"逆全球化"愈演愈烈，新冠肺炎疫情的出现更是加剧了这种危机。欧美发达国家重新拥抱贸易保护主义，导致全球范围内的贸易摩擦不断升级。第三，沿线国家法规和运输规则差异较大，通关效率低下。当前欧亚大陆的国际铁路运输体系总体上仍呈分裂状态，尚未形成健全、统一的通关和单据系统，增加了铁路运输的环节和成本。第四，沿线地缘政治存在风险，这也是中国学者普遍担忧的问题。中欧班列建设虽然受到绝大多数国家的欢迎，但是也会相应改变地理空间各种原有地缘因素，进而改变或影响原有地缘利益结构，产生地缘政治风险。比如，乌克兰危机事件的发生导致乌克兰和俄罗斯边界的多处口岸关闭，对于中欧班列顺畅运行是巨大的障碍。俄罗斯禁止从欧盟进口鱼类、肉类等货物，也禁止中欧班列在俄罗斯境内运输禁运货物，极大地减少了中欧班列返程的运货量。再比如，2022年年初发生的俄乌冲突，直接影响到了中欧班列的货运。欧洲国家和白俄罗斯、俄罗斯矛盾重重，之前就曾发生过双方关闭边界、禁止客运的情况。

第五章 | "一带一路"倡议与亚洲贸易
发展

一、六大经济走廊

2015 年 3 月，国家发展改革委、外交部、商务部联合发布了《推动共建丝绸之路经济带和 21 世纪海上丝绸之路的愿景与行动》，指出"一带一路"倡议将通过构建丝绸之路经济带和 21 世纪海上丝绸之路，实现各国之间在欧亚大陆更好的互联互通和经济合作。丝绸之路经济带的重点是连接中国、中亚、俄罗斯和欧洲（波罗的海），通过中亚和西亚连接中国与波斯湾和地中海，并将中国与东南亚、南亚和印度洋连接起来。21世纪海上丝绸之路提出以港口建设为重点，结合多式联运、物流和海洋生态保护，一条通过南海和印度洋连接中国沿海地区和欧洲（中国—印度洋—欧洲），另一条通过南海连接到南太平洋（中国—南太平洋）。中国支持发展与其他国家相协调的六大经济走廊，分别是：从江苏连云港到荷兰鹿特丹的新亚欧大陆桥经济走廊；连接中国、蒙古、俄罗斯的中蒙俄经济走廊；中国—中亚—西亚经济走廊；中国—中南半岛经济走廊；中巴经济走廊；孟中印缅经济走廊。目前，中老经济走廊合作建设已经启动，泰国东部经济走廊与"一带一路"倡议也正在对接。

在这六大经济走廊中，新亚欧大陆桥、中蒙俄、中国—中亚—西亚经济走廊经过亚欧大陆中东部地区，连接了东亚经济圈与欧洲经济圈，畅通了连接波斯湾、地中海和波罗的海的合作通道。中国—中南半岛、中巴和孟中印缅经济走廊经过亚洲东部和南部这一全球人口稠密地区，连接沿线主要城市和人口、产业集聚区。澜沧江—湄公河国际航道和在建的地区铁路、公路、油气网络，将丝绸之路经济带和21世纪海上丝绸之路联系到一起，让经济效应辐射至南亚、东南亚、印度洋、南太平洋等地区。

何为经济走廊？"经济走廊"一词最初是由亚洲开发银行于

1998 年提出来的。基于亚洲区域合作的实践，亚洲开发银行将"经济走廊"定义为网络或特定地理区域的经济主体之间的联系，通过投资、贸易和基础设施建设等，将供应方和市场的需求方相连接。经济走廊对区域合作发展的贡献主要取决于经济走廊现有特定经济网络的特点，以及经济走廊开发引入或加强的目的。后来欧盟定义了"欧洲走廊"，为由公路、铁路、通信线路等在相邻城市和地区间跨界流动所形成的"轴线"。国内外关于"经济走廊"的研究侧重点有一定差异。[①] 国外研究侧重经济走廊城市和相应狭长经济带的特征及之间的经济联系，其研究内容为基础设施、经济要素在经济走廊的相互作用。国内的经济走廊研究多服务于国家战略和政府规划，强调区域经济的综合合作，以跨地区合作机制和综合经济体建设为主要研究内容。

六大经济走廊作为"一带一路"倡议的主要内容和骨架，已经成为"一带一路"倡议的支柱，逐步把"一带一路"倡议落到实处。这些经济走廊向东南连接了东南亚国家，向南连接了印巴地区，向西连接了中亚和西亚，向北连接了蒙古和俄罗斯，覆盖了绝大多数发展中的亚洲国家。

在"一带一路"沿线国家中，东南亚国家不仅是中国的友好

---

① 参见杨振山、吴笛、程哲：《区域经济合作视角下经济走廊的类型与影响》，载《区域经济评论》，2018(3)。

近邻，也是历史上与中国贸易联系紧密的贸易对象。由 10 个东南亚国家组成的东盟在 2021 年为中国第一大贸易伙伴，而中国也是东盟第一大贸易伙伴。

东盟与丝绸之路经济带和 21 世纪海上丝绸之路都有直接的关系。中国—中南半岛经济走廊以广西南宁和云南昆明为起点，以新加坡为终点，其纵贯中南半岛的越南、老挝、柬埔寨、泰国、缅甸、马来西亚等国家，紧密联系了中国和东盟国家。"一带一路"倡议在这里推进一方面可以改善东盟国家的基础设施建设，另一方面可以促进中国与东盟国家在贸易、投资和旅游方面的合作。东盟地区与中国的南部地区有着共同的陆地边界。从人口对比来看，中国的人口约是东盟总人口的 2 倍，中国的经济规模也更大。从东盟的角度来看，加入该倡议将为其进入中国市场创造更大的机会，以加强其与中国的贸易联系，追求更大的经济发展。

二、中国与东南亚贸易发展

(一)中国与东南亚国家贸易发展总量分析

自古以来，东南亚就是全世界海上贸易通道的重要组成部分。中国改革开放以来，与东南亚的双边贸易关系持续稳定发展。1991年，中国—东盟对话伙伴关系正式建立。1994年，双边经贸联委会成立。1996年，中国成为东盟全面对话伙伴。

2001年，中国加入世界贸易组织，贸易对外开放的格局进一步扩大。2002年，中国与东盟各国签署了《南海各方行为宣言》，中国与东盟地区国家领导人达成了建设自由贸易区的共识。同年，《中国与东盟全面经济合作框架协议》签署，中国—东盟自由贸易区建设正式启动。在2022年区域全面经济伙伴关系协定正式生效之前，中国—东盟自由贸易区与欧盟和北美自由贸易区是世界上三大区域经济合作区。从2022年起，中国与东盟国家的贸易发展迎来了黄金10年。在这个时间段里，中国和东盟在政治、经济、教育等领域开展了全方位合作。在贸易方面，2004年1月1日，"早期收获计划"开始实施，下调了农产品关税。同年11月，中国—东盟自由贸易区《货物贸易协议》和《争端解决机制协议》签署，标志着中国—东盟自由贸易区建设进入实质性执行阶段。2010年1月1日，中国—东盟自由贸易区正式建立，成为当时世界上最大的自由贸易区。中国—东盟自由贸易区正式建立后，中国同东盟的贸易额有了迅速发展，由2002年的547.7亿美元增长到2013年的4435.3亿美元。

2013 年，"一带一路"倡议的提出，给中国和东盟贸易的发展增添了新动力，双边贸易关系更是进入了飞速发展的阶段。2021 年，中国与东盟贸易额达到 8778.6 亿美元。其中，中国对东盟出口 4836.4 亿美元，自东盟进口 3942.2 亿美元（图 5-1）。这是历年来最高的涨幅。其中，越南、马来西亚、泰国为中国在东盟的前三大贸易伙伴。

从图 5-2 来看，中国对东盟出口的占比和中国同东盟双边贸易额的占比历年来稳步攀升；而中国从东盟进口的占比却呈现出波动震荡的趋势。中国与东盟国家的贸易额占比持续攀升，从侧面说明中国与东盟国家相互之间的贸易依存度日渐加大。从双边贸易结构来看，中国出口的产品以机电产品为主，中国进口的产品也以机电产品为主。

(二)具体国家分析

与欧盟不同，东盟国家之间发展差异较大。其成员国既有发达经济体，如新加坡，也有低收入国家，如缅甸、柬埔寨等。①除了经济发展水平不同以外，东盟十国在资源禀赋、政治制度、教育水平等方面也存在巨大差异。所以细看中国与东

---

① 根据世界银行的数据，按照购买力平价人均 GDP 衡量，2021 年，新加坡、文莱属于高收入国家，马来西亚、泰国属于中高收入国家，其余东盟国家（印度尼西亚、菲律宾、老挝、越南、柬埔寨和缅甸）属于中低收入国家。

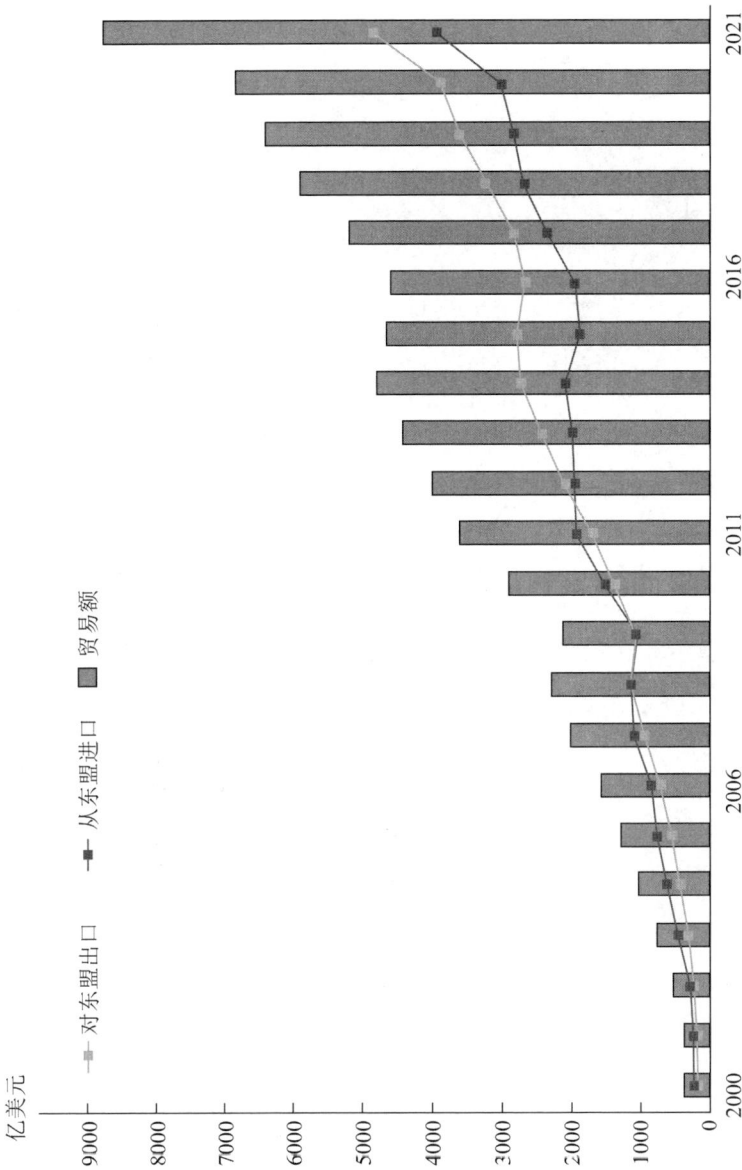

图 5-1 2000—2021 年中国与东盟贸易额
（数据来源：CEIC）

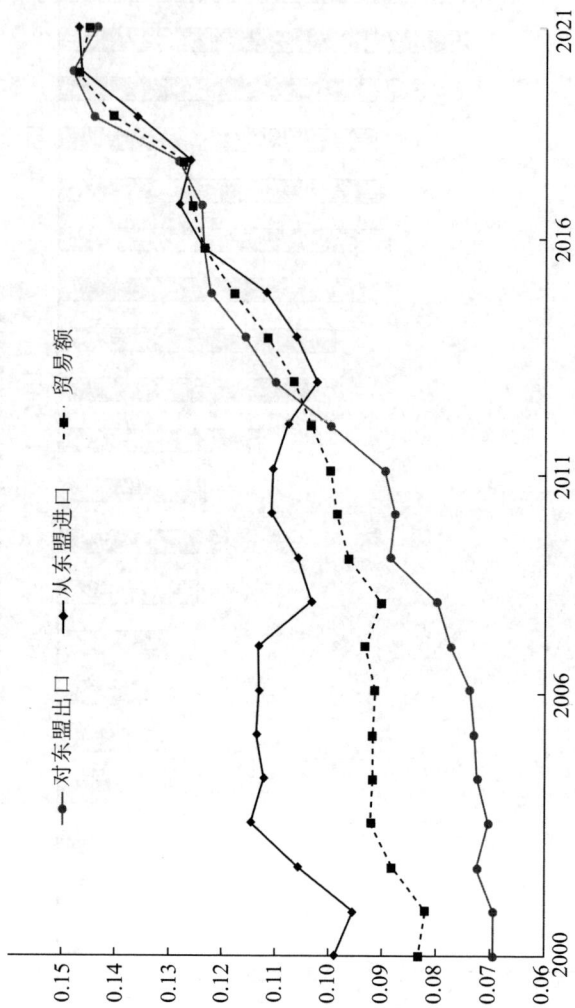

图 5-2　2000—2021 年中国与东盟贸易额占中国全球贸易额的比例
（数据来源：CEIC）

盟十国的贸易情况，可以发现中国与不同国家的贸易状况差别很大。图 5-3 展示了 2021 年中国与东盟十国的贸易情况，贸易体量的差别显而易见。越南是东盟国家中与中国贸易量最大的国家，也是从中国进口最多的国家，中国常年保持对越南的贸易顺差。贸易量排第二的是马来西亚，它是出口到中国贸易量最大的东盟国家，也是在中国与东盟十国贸易中，中国最大逆差来源国，2021 年贸易逆差达 193 亿美元。文莱、老挝、缅甸和柬埔寨四个国家与其他六个东盟国家相比，贸易体量非常小。这当然与这四个国家的经济体量小有直接关系。尽管横向看，这四国与中国的贸易量不大，但纵向看，它们与中国的双边贸易也取得了迅速发展。在 2000 年，它们与中国的贸易量还在千万美元级别徘徊，而到 2021 年，已经发展到十亿美元级别。对于这些小经济体来说，与中国的贸易是它们 GDP 增长的主要动力之一。

(三)"一带一路"倡议对中国与东盟国家经贸关系发展的影响

由于地理位置的优越性，东南亚国家是中国进行周边外交时优先考虑的对象，也是"一带一路"倡议涵盖的重要区域之一。东南亚国家多属于发展中国家，对于经济发展的诉求更为明显，针对各自国家的状况也都制定了长期的发展战略。例如，缅甸

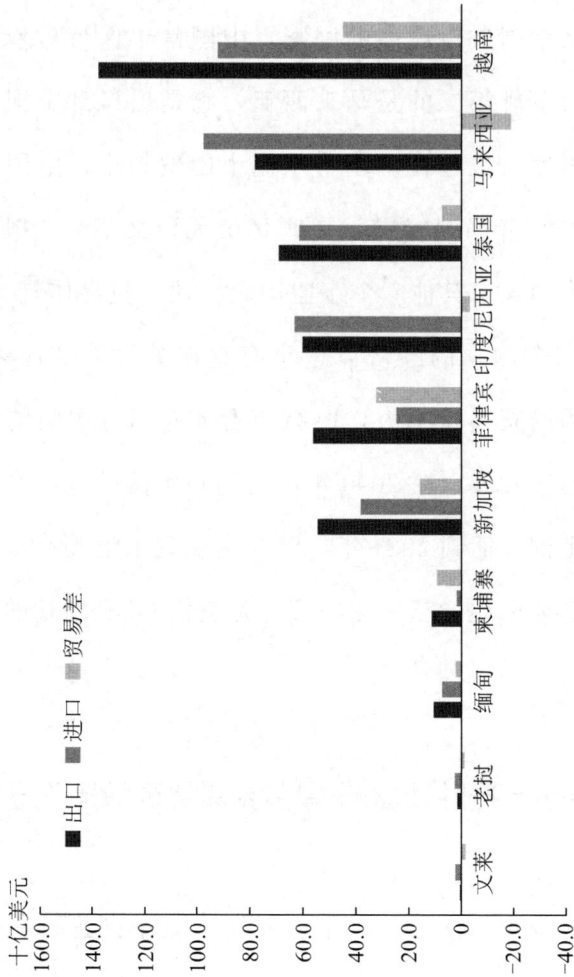

图 5-3　2021 年中国与东盟国家的贸易状况
（数据来源：CEIC）

提出"国家全面发展 20 年规划",菲律宾提出"雄心 2040"战略,老挝提出"陆联国"战略,泰国提出"泰国 4.0 与东部经济走廊"战略,柬埔寨提出国家发展的"四角战略",越南有"两廊一圈"战略,马来西亚有第十一个国家发展战略,印度尼西亚提出"全球海洋支点"战略,文莱有"2035 宏愿"。[①] 因为"一带一路"倡议与东南亚各国的国家发展战略规划相适应,所以其在东南亚各国受到了广泛的欢迎与好评,也取得了一定的成效,在经济发展等方面起着推动作用,使东南亚各国与中国的关系变得愈加密切。"一带一路"倡议提出之后,如前文所示,中国出口至东南亚各国的贸易总额迅速增加,中国的贸易顺差地位也逐渐凸显出来。

三、中国与中亚贸易发展

中亚地区,地理上是指西至里海,东到中国新疆,南到阿富汗,北到俄罗斯的广大区域。一般中亚地区仅指五个共和国:哈萨克斯坦、吉尔吉斯斯坦、塔吉克斯坦、土库曼斯坦、乌兹别克斯坦。中亚是中国的近邻,中国与其中的三个国家接壤。

[①] 参见郑昊庆:《"一带一路"背景下中国与东南亚国家经济合作》,博士学位论文,中国社会科学院大学,2019。

历史上，中亚就是古代丝绸之路的要道，连接了中国和西亚、欧洲地区。在"一带一路"倡议构建的六大经济走廊中，有新亚欧大陆桥经济走廊把中国同哈萨克斯坦、吉尔吉斯斯坦、乌兹别克斯坦、土库曼斯坦连接了起来，也有中国—中亚—西亚经济走廊直通哈萨克斯坦、吉尔吉斯斯坦和塔吉克斯坦，通过乌兹别克斯坦和土库曼斯坦，连接到整个西亚地区。中亚地区对中国而言，对外联系中国同欧洲大陆，对内促进西部地区开发。

中国同中亚五国建交以来，双边贸易规模持续增长。2003年，中国对中亚五国的进口贸易额为20.1亿美元，出口贸易额为20.5亿美元。2021年，进口贸易额增长到204.0亿美元，出口贸易额增长到295.8亿美元。

从图5-4也可以看出，中国对中亚国家的贸易在大部分时间内保持顺差。中国对中亚国家的贸易有着很强的互补性，出口以服装、机电产品为主，进口则以能源和矿产资源为主。随着双边贸易往来程度的加深，农产品成为双方贸易新的增长点，主要体现在中国对中亚五国农产品的进口贸易额大大提升。

哈萨克斯坦是中国在中亚地区最大的贸易伙伴。2021年，中哈双边贸易额达252.5亿美元，占全部中亚地区贸易额的一半以上。中国对哈萨克斯坦出口139.8亿美元，同比增长

19.5%；自哈萨克斯坦进口 112.7 亿美元，同比增长 15.3%。双边贸易中方顺差为 27.1 亿美元，同比增长 36.2%。[①] 图 5-5、图 5-6 展示了中国出口到哈萨克斯坦和从哈萨克斯坦进口的主要商品。从贸易额看，2014 年以前，中国对哈萨克斯坦出口最多的是纺织品和原材料，2015 年和 2021 年，机器、电气设备等成为中国对哈萨克斯坦出口最多的商品。中国从哈萨克斯坦进口的商品相对较为单一，以贱金属和矿产品为主。2021 年，中国这两项的进口额约占中国从哈萨克斯坦进口的总进口额的 90%。

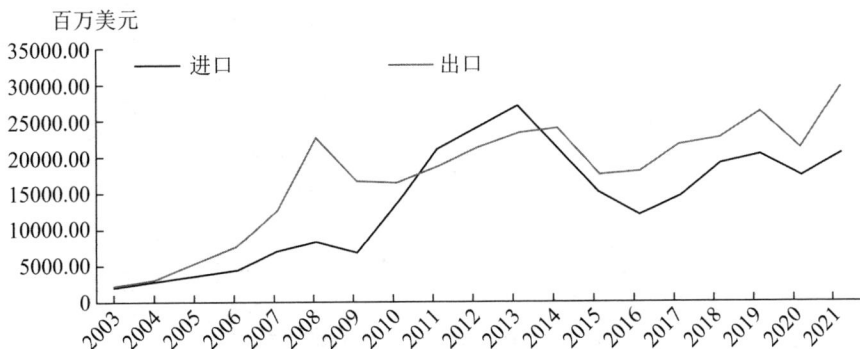

图 5-4 2003—2021 年中国与中亚地区的贸易发展

（数据来源：CEIC）

---

① 参见中华人民共和国商务部网站。

百万美元

5000.00

4000.00

3000.00

2000.00

1000.00

0

2006　　　　2010　　　　2014　　　　2018　　　2021

■ 塑料及其制品；橡胶及其制品
▦ 纺织原料及纺织制品
▨ 机器、机械器具、电气设备及其零件；录音机及放声机，电视图像、声音的录制和重放设备及其零件，附件
▨ 车辆、航空器、船舶及有关运输设备
■ 贱金属及其制品

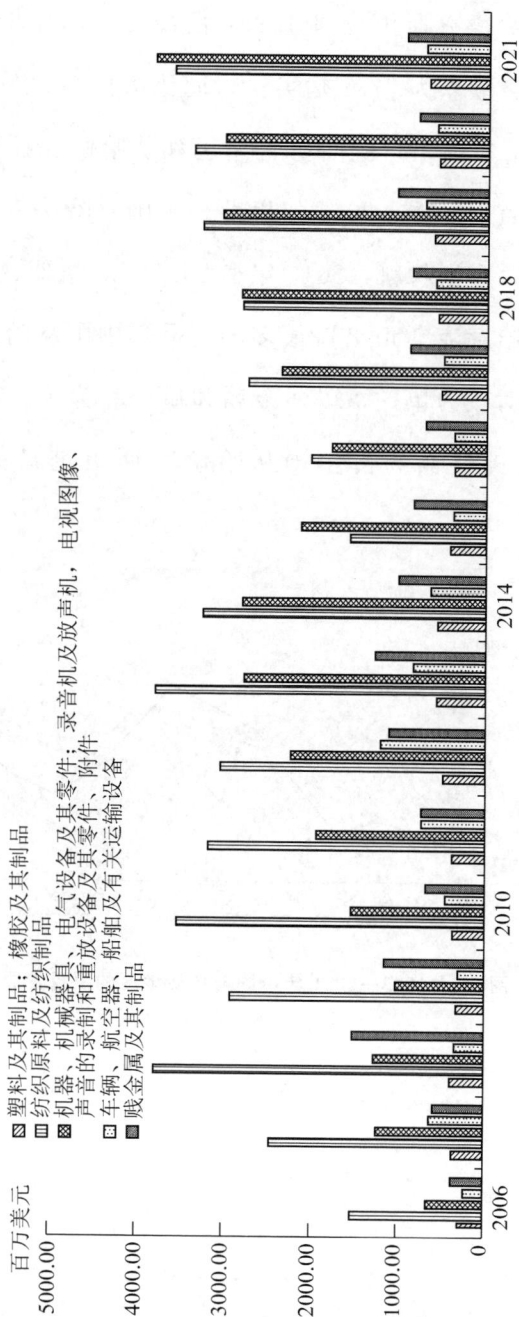

图 5-5　2006—2021 年中国向哈萨克斯坦出口的主要商品

（数据来源：CEIC）

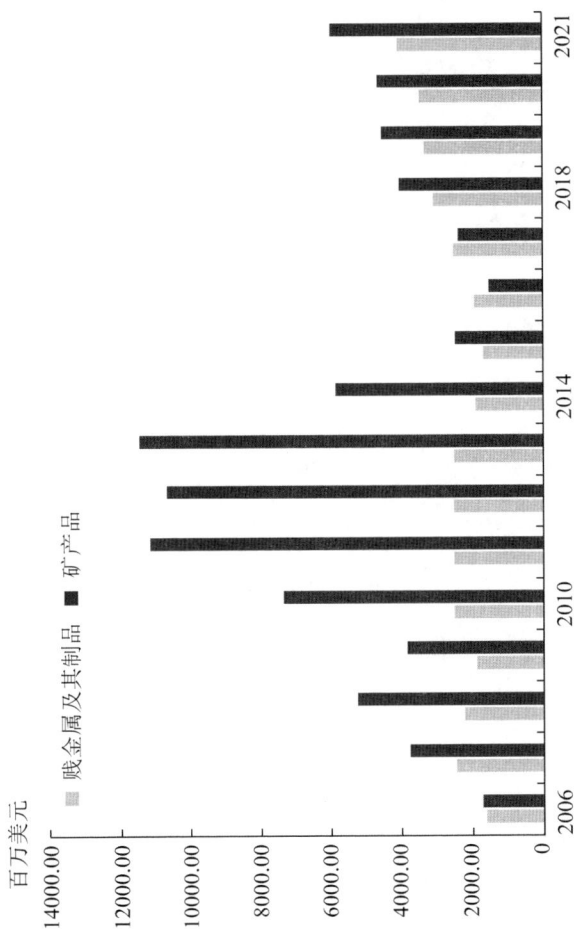

图 5-6 2006—2021 年中国自哈萨克斯坦进口的主要商品

（数据来源：CEIC）

第六章 | "一带一路"倡议货物贸易促进
效应的实证分析

一、"一带一路"倡议促进贸易发展的
路径

(一)基础设施建设

国内外文献对基础设施建设促进贸易发展的分析一般有两个途径：第一是从贸易成本和贸易便利化的角度出发，间接分析基础设施建设带来的贸易效应；第二是分析基础设施建设带来的直接贸易影响，一般是把基础设施相关建设变量纳入引力模型中进行分析。在间接角度的分析中,贸易成本和贸易便利化是基础设施建设影响贸易规模的中介变量。其中贸易成本指的是商品流通到消费者群体的过程中所需要的运输成本、配送成本、法律成本、信息成本、履约成本等。基础设施在这个过程中起到的明显的作用是降低交通运输过程中产生的费用,特别表现在运输成本和配送成本方面。所以,很多研究证实落后的基础设施是区域贸易发展不均衡的重要原因,完善的基础设施则会通过直接降低运输成本来增加贸易流量。

贸易便利化最早是在 1996 年于新加坡举办的世界贸易组织第一次部长级会议上提出的,作为会议成果之一,被列入世界贸易组织工作日程。随着时代发展,其内容也日渐丰富,新的影响贸易便利化的因素也逐渐被纳入了分析框架。根据世界贸易组织《贸易便利化协定》规定,贸易便利化应至少包括以下几个方面:信息的公布与获得;货物放行与清关程序;与进出口相关的费用;边境机构合作与海关合作;与进出口和过境相关的手续;受海关监管的进境货物的移动;过境自由;沟通与协商机制。有学者提出将贸易便利化的因素细分成港口效率、海关环境、监管环境和电子商务四大方面,在此基础上可以构建贸易便利化评价体系。其实证研究也证实,港口效率可以解释亚太地区 50％的贸易增长。[1]

　　直接贸易影响是指与基础设施合作项目相关的进出口贸易。例如，中国相对于许多"一带一路"沿线国家而言，基础设施建设具有一定的比较优势，所以基础设施建设欠发达的国家与中国的合作需求日渐增强。而由中国承建的对外基础设施建设势必会带动国内企业产品的出口，如建筑材料、机械设备等。

(二)对外直接投资的贸易效应

　　基于现有文献，学者总结发现对外直接投资的贸易效应主要有三种：一是对外直接投资抑制贸易进出口规模的增长，这被称为替代效应；二是对外直接投资促进贸易进出口规模增长，而且反过来对外贸易又促进对外直接投资发展，这被称为互补效应；三是对外直接投资与贸易关系存在不确定性。在较早的研究成果中，多数文献支持对外直接投资贸易效应表现为替代效应。欧元之父罗伯特·蒙代尔（Robert Mundell）最早在其1957 年发表的文章中提出对外直接投资与国际贸易存在相互替代的关系。[2] 蒙代尔在文章中假设各国之间生产要素可以自由流动，结合 H-O 理论进行判读，当国家之间有贸易壁垒（如关

① 　John S. Wilson，Catherine L. Mann & Tsunehiro Otsuki，"Trade Facilitation and Economic Development：A New Approach to Quantifying the Impact，"*The World Bank Economic Review*，2003(3)，pp. 367-389.

② 　Robert Mundell，"International Trade and Factor Mobility，"*American Economic Review*，1957(3)，pp. 321-335.

税)时,母国企业可以通过资本流动来进行跨国投资,从而避开贸易壁垒;当母国企业通过投资将生产阶段转移到东道国后,母国企业可以在当地进行生产和销售。最终,资本流动表现为替代商品的进出口。这一理论在很长一段时间成为主流,有学者实证研究日本在欧洲的电器生产,也发现当东道国存在贸易壁垒时,东道国的对外直接投资会呈现出替代效应,这进一步验证了蒙代尔的对外直接投资替代效应理论。[①]

除了对外直接投资替代效应外,也有部分学者认为母国对外直接投资能够促进本国贸易进出口规模增长,这便是对外直接投资互补效应。其原因是当母国拥有大量技术专利时,企业便会选择在生产要素相对丰富的国家进行投资,进而促进母国生产设备等技术品出口规模的增长。所以,发达国家向发展中国家的垂直投资促进了国际贸易发展,产生了贸易互补效应。[②] 针对经合组织和发展中国家的实证研究为互补效应提供了支撑。[③]

[①] Rene Belderbos & Leo Sleuwaegen, "Tariff Jumping DFI and Export Substitution: Japanese Electronics Firms in Europe," *International Journal of Industrial Organization*, 1998(5), pp. 601-638.

[②] Andrew Schmitz & Peter Helmberger, "Factor Mobility and International Trade: The Case of Complementarity," *American Economic Review*, 1970(4), pp. 761-767.

[③] 具体研究可参考 Yongchang Qiang, "How Does OFDI Affect Trade Development in Developing Countries?," *Journal of Chinese Economic and Foreign Trade Studies*, 2013(2), pp. 85-90;张应武:《对外直接投资与贸易的关系:互补或替代》,载《国际贸易问题》,2007(6)。

二、引力模型分析"一带一路"倡议对进出口的促进作用

在贸易的实证研究中，引力模型经常被用来探究影响双边贸易额的因素。引力模型最早是由丁伯根（Jan Tinbergen）和波哈伦（Poyhonen）应用在贸易分析当中的。两位学者认为，贸易国双方的经济规模与之间的交易距离是双边贸易的推动因素。这一模型目前被广泛应用在比较静态分析、未来贸易的预测以及贸易模式的影响因素分析等中。最初的引力模型如下所示：

$$T_{ij} = A \frac{Y_i^{\beta_1} Y_j^{\beta_2}}{C_{ij}^{\beta_3}}$$

其中 T_{ij} 表示国家 i 和国家 j 之间的货物贸易额，β_1、β_2、β_3 为模型参数，分别代表自变量的影响程度。Y_i 和 Y_j 代表国家 i 和国家 j 的经济规模，通常用国内生产总值来衡量。C_{ij} 代表贸易成本。最初，贸易成本由两个国家的地理距离表示，后来研究者把运输成本、交付时间、市场准入、贸易摩擦等因素也逐渐纳入贸易成本的框架之内。在实证运用中一般将引力模型取对数，从而得到如下计量模型：

$$lnT_{ijt} = lnA + \beta_1 lnGDP_{it} + \beta_2 lnGDP_{jt} + \beta_3 lnD_{ij}$$

随着国际贸易理论在实证研究中的不断发展，影响双边贸

易额的因素,研究者除了考虑经济规模之外,也开始考虑地理因素(如是否有共同边界)、政治因素(如双方政府的密切程度与制度建设水平)、文化因素(如是否有共同语言)、社会发展因素(如人口规模与劳动力市场)等。引力模型变成扩展的引力模型,其形式也越发灵活,所涵盖的变量和涉及的因素日渐丰富。本章将利用引力模型探究"一带一路"倡议本身对中国与"一带一路"沿线国家贸易的作用,以及其作用机制。基于文献研究,本章所选取的控制变量主要有如下三类。

第一,宏观经济方面。首先,这部分包括东道国和母国的国内生产总值,因为这是市场规模的直接决定因素。从经济学直觉上来看,当一个国家的市场规模越大时,其国内市场也就越大。其次,对方吸收中国直接投资的规模,用对外直接投资存量表示,吸收中国直接投资越多,说明双边贸易关系更为密切。第二,社会发展因素。首先是人口数量、密度和人口抚养比,人口数量是直接反映贸易国消费品市场规模的最直接指标,人口数量越多,所创造的地区生产总值往往会越多;单位面积内的人口数量越多,人口密集程度越高,则越有可能产生正向集聚效应,促进工业化和创新活动的产生,进而推动经济规模的增加;人口抚养比表示每100名劳动年龄人口所需要抚养的儿童和老年人口数量,取值越大,则反映该国的人口红利越小,越不利于经济发展。其次,研究还将考虑贸易国的教育水平,因为人口数量和教育水平可以综合衡量贸易国劳动力市场的丰富程度和质量,是衡量一个国家社会发展水平的重要标志,而一个国家社会发展水平往往直接关系到贸易国与其货物贸易的种类和价值。第三,政治和制度因素。"一带一路"倡议包含欧亚大陆,这部分区域包括了目前全球地缘政治十分复杂的区域,如中东地区,其存在的政治风险会对贸易产生影响。同时,一个国家的法律规范和对腐败的监管力度,也会对贸易环境造成影响。本研究还纳入了双方高层领导人互访的次数,用以指代双方的政治亲密度。在政府管理因素方面,本研究考虑到各个国家在各个年份数据的可获得性,选取了政府效能的百分位排名指标。该指标反映了公众对公共服务质量、政策制定和执行质量、政府承诺可信度等政府能力的感知情况,得分最低为 0,最高为 100。政府效能越高,则越有利于为经济活动提供良好的生产、投资和营商环境,越有利于经济规模的增长。

(一)模型设定与数据说明

模型采用扩展的贸易引力模型,具体模型如下所示。

对于"一带一路"沿线国家:

$$lntrade_{ijt} = \beta_0 + \beta_1 BRC_j * Post_{2013} + \beta_2 lnGDP_{it} +$$

$$\beta_3 GDP_{jt} + W'_{jt}\gamma + \mu_j + \mu_t + \varepsilon_{jt}$$

对于"一带一路"共建国家：

$$lntrade_{ijt} = \beta_0 + \beta_1 BRCA_j + \beta_2 lnGDP_{it} +$$

$$\beta_3 GDP_{jt} + W'_{jt}\gamma + \mu_j + \mu_t + \varepsilon_{jt}$$

其中，被解释变量 $lntrade_{ijt}$ 是中国与贸易国在年份 t 的货物贸易额，即进口加出口。BRC_j 为是否属于"一带一路"沿线国家的虚拟变量，$BRC_j = 1$ 代表国家 j 属于"一带一路"沿线国家，反之为 0。$Post_{2013}$ 为时间虚拟变量，因为"一带一路"倡议是在 2013 年正式提出的，所以 $Post_{2013} = 1$ 代表 2013 年以及之后的年份，之前为 0。$BRCA_j$ 为虚拟变量，从成为"一带一路"共建国家的年份起记为 1，非"一带一路"共建国家以及所有国家在 2013 年之前均记为 0。W'_{jt} 为国家 j 的控制变量，包括上文提到的中国直接投资存量、人口数量、教育水平，以及描述贸易国政治环境的世界治理指数[①]等。μ_j 为国家固定效应，以控制所有国家层面上不随时间变化的因素对估计结果产生的影响，其中就包含了两国之间的地理距离。μ_t 为时间固定效应，控制了时间层面的影响，如全球经济基本面的变化、金融危机等特殊事件的影响。ε_{jt} 为残差项。

---

① 世界治理指数（Worldwide Governance Indicators，WGI）是由世界银行统计计算得出的，用来描述一国的政治环境、法律和腐败监管力度，一共有政治稳定性和不存在暴力、法治、政府效率、话语权和问责机制、腐败控制、监管质量六个指标。本研究取了六个指标的和。

(二)实证结果和分析

表 6-1 展示的结果是"一带一路"倡议对于"一带一路"沿线国家的贸易促进效应,即所研究对象是"一带一路"沿线国家。被解释变量分别是贸易额、中国出口到这些国家的贸易额和中国从这些国家进口的贸易额。表 6-2 展示的结果是"一带一路"倡议对于"一带一路"共建国家的贸易促进效应。与"一带一路"沿线国家不同,"一带一路"共建国家的分布更为广泛且分散。

两个表中,列(1)(3)(5)没有控制国家变量,列(2)(4)(6)则控制了国家变量。结果显示,"一带一路"沿线国家这个虚拟变量正向且显著,这表明"一带一路"沿线国家这个身份可以促进其与中国的贸易发展,这与常识理解也是相一致的。其原因是,"一带一路"倡议最先推进的就是"一带一路"沿线的基础设施建设,而这为贸易畅通奠定了硬件方面的基础。"一带一路"沿线国家可以享受铁路、港口等基础设施建设带来的贸易红利,其与中国的贸易规模与非沿线国家相比一定是更大的。同样,"一带一路"共建国家的身份也可以促进其与中国的贸易发展。"一带一路"倡议秉承"共商、共建、共享"原则,中国与"一带一路"共建国家的合作基于双方协商签署的合作备忘录,合作领域往往包含基础设施的"硬联通"和规则标准的"软联通"。

在国家控制变量层面，贸易国与中国的贸易总规模受到贸易国的 GDP 总量、中国对其直接投资的存量、双边高层领导人互访次数的影响。中国的出口额除受上述因素影响之外，还受到人口总量、教育水平和世界治理指数的影响。而中国的进口额并没有受到双边高层领导人互访次数的影响，而且数据显示，中国从治理水平较低的国家进口反而更多。一个可能的解释是，进口相对于出口而言，中国更加重视国内需求导向。因而，中国选择贸易国和确定与某一国的贸易规模首先考虑的因素是这个国家能否提供中国国内所需要的商品，而非一些政治因素。

表 6-1 "一带一路"倡议的贸易促进效应（对"一带一路"沿线国家）

项目	贸易额		中国出口额		中国进口额	
	(1)	(2)	(3)	(4)	(5)	(6)
"一带一路"沿线国家	1.481*** (0.136)	0.286*** (0.066)	1.533*** (0.132)	0.464*** (0.063)	2.101*** (0.198)	0.232* (0.139)
国家 GDP		0.709*** (0.041)		0.412*** (0.039)		1.284*** (0.086)
国家人口		0.005 (0.044)		0.325*** (0.042)		0.314*** (0.092)
中国对其直接投资		0.244*** (0.016)		0.198*** (0.015)		0.347*** (0.033)
教育水平		0.084 (0.100)		0.254*** (0.095)		−0.159 (0.209)
高层领导人互访		0.114** (0.048)		0.116** (0.045)		0.005 (0.100)
世界治理指数		0.001 (0.009)		0.058*** (0.009)		−0.057*** (0.019)

续表

项目	贸易额		中国出口额		中国进口额	
	（1）	（2）	（3）	（4）	（5）	（6）
常数项	6.544***	−10.962***	6.024***	−9.612***	4.558***	−21.985***
	(0.044)	(0.436)	(0.043)	(0.416)	(0.065)	(0.910)
国家控制变量	否	是	否	是	否	是
观测数	4452	3012	4454	3012	4325	3012

注：*** / ** / * 代表在 1%/5%/10% 的统计水平上显著。

表 6-2 "一带一路"倡议的贸易促进效应（对"一带一路"共建国家）

项目	贸易额		中国出口额		中国进口额	
	（1）	（2）	（3）	（4）	（5）	（6）
"一带一路"共建国家	1.499***	0.247***	1.563***	0.455***	2.263***	0.202
	(0.140)	(0.066)	(0.136)	(0.063)	(0.203)	(0.138)
国家 GDP		0.710***		0.413***		1.285***
		(0.041)		(0.039)		(0.086)
国家人口		−0.002		0.330***		−0.311***
		(0.044)		(0.042)		(0.092)
中国对其直接投资		0.242***		0.195***		0.345***
		(0.016)		(0.015)		(0.033)
教育水平		0.111		0.276***		−0.138
		(0.099)		(0.095)		(0.207)
高层领导人互访		0.120**		0.120***		0.009
		(0.048)		(0.045)		(0.100)
世界治理指数		−0.002		0.056***		−0.059***
		(0.009)		(0.009)		(0.019)
常数项	6.560***	−11.050***	6.039***	−9.730***	4.565***	−22.056***
	(0.044)	(0.435)	(0.042)	(0.415)	(0.064)	(0.908)

续表

项目	贸易额		中国出口额		中国进口额	
	(1)	(2)	(3)	(4)	(5)	(6)
国家控制变量	否	是	否	是	否	是
观测数	4452	3012	4454	3012	4325	3012

注：*** / ** / * 代表在 1%/5%/10%的统计水平上显著。

针对"一带一路"共建国家的贸易情况，本研究进一步把"一带一路"共建国家按照地域划分成了亚洲、欧洲和非洲国家。为便于展示，表 6-3 仅提供了三个地区的"一带一路"共建国家身份对于其与中国贸易规模的影响。对于亚洲和欧洲的国家来说，成为"一带一路"共建国家的确增加了其与中国的贸易总量。中国对亚洲"一带一路"共建国家的出口和从亚洲"一带一路"共建国家的进口都显著增加。而中国从欧洲"一带一路"共建国家的进口明显增加，出口的增加则不显著。从"一带一路"共建国家的角度分析，即欧洲"一带一路"共建国家在"一带一路"倡议下，明显增加了向中国的出口，而从中国进口的规模在控制了时间固定效应和国家固定效应之后，没有明显变化。这是因为整个欧洲市场规模不大，且由于经济发展水平较高，因此新的市场难以开发。然而，数据显示"一带一路"倡议对中国与非洲地区的整体贸易促进作用不显著，仅在出口方面，中国增加了对非洲"一带一路"共建国家的出口。合理的解释是，非洲整体上经济体量较小，而且个体差异性较大，所以在计量模型估计过程中,政策性影响并不显著。中国与非洲的合作以基础设施建设为重点,而本研究在估计模型中控制了中国对各个国家直接投资的存量,所以"一带一路"倡议对中非贸易的影响就没有了统计意义上的显著性,但这不能说中非贸易之间没有发展。2021 年,中非双边贸易额达到 2543 亿美元,是 2010 年的两倍。[①]

表 6-3 不同地区"一带一路"共建国家与中国贸易关系研究

地区	贸易额	中国出口额	中国进口额
亚洲	0.478* (0.271)	0.497** (0.253)	1.251*** (0.418)
欧洲	0.475* (0.255)	0.080 (0.257)	0.695** (0.317)
非洲	0.321 (0.467)	0.668* (0.399)	0.535 (0.794)

注:*** / ** / * 代表在 1%/5%/10% 的统计水平上显著。

三、"一带一路"倡议中中国与不同地区不同商品的贸易情况

在上文的基础上,我们细看一下不同类型的货物贸易受到了"一带一路"倡议怎样的影响。或者说,"一带一路"倡议在

---

① 参见中华人民共和国商务部网站。

不同地区分别影响了什么样的货物贸易。按照货物贸易产品的加工程度，依据文献经验，我们把货物贸易产品划分为初级产品和制成品，制成品按照其所需技术的密集程度又被分为高技术密集度产品、中等技术密集度产品、低技术密集度产品和资源密集型产品。[①] 参考了刘钻石和张娟的方法[②]，我们利用国际贸易标准分类（Standard International Trade Classification，SITC）的三位数编码把所有货物贸易产品分成了五类：初级产品、资源密集型产品、低技术制成品、中等技术制成品和高技术制成品。其中，低技术制成品包括服装、纺织等，中等技术制成品有汽车类、工程类等，高技术制成品有电子和电器等。

表 6-4 和表 6-5 展示了不同类型产品的贸易规模受到"一带一路"倡议的影响，而表 6-6 至表 6-11 将分析细化到亚、欧、非三个大洲。从总量上看，在控制了国家变量之后，估计结果显示，中国与"一带一路"共建国家的贸易规模在五种细分产品领域都有了提升。地域差距在表 6-6 至表 6-11 中有所体现。

---

① Sanjaya Lall，"The Technological Structure and Performance of Developing Country Manufactured Exports，1985-1998，"*Oxford Development Studies*，2000(3)，pp. 337-369.

② 参见刘钻石、张娟：《中国商品贸易结构升级了吗——基于贸易品类别、技术附加值和质量水平的分析》，载《南方经济》，2016(8)。

表 6-4 "一带一路"倡议对不同类型产品出口额的影响

项目	中国出口额				
	初级产品	资源密集型产品	低技术制成品	中等技术制成品	高技术制成品
"一带一路"共建国家	1.484*** (0.029)	1.449*** (0.042)	1.656*** (0.028)	1.650*** (0.028)	1.839*** (0.038)
常数项	17.308*** (0.007)	18.056*** (0.010)	18.990*** (0.006)	18.999*** (0.007)	18.451*** (0.009)
国家控制变量	是	是	是	是	是
观测数	1988	1981	1998	1998	1995

注:***/**/*代表在1%/5%/10%的统计水平上显著。

表 6-5 "一带一路"倡议对不同类型产品进口额的影响

项目	中国进口额				
	初级产品	资源密集型产品	低技术制成品	中等技术制成品	高技术制成品
"一带一路"共建国家	1.381*** (0.101)	0.411*** (0.100)	2.473*** (0.166)	2.454*** (0.165)	4.067*** (0.085)
常数项	16.438*** (0.025)	19.125*** (0.028)	14.458*** (0.042)	14.487*** (0.042)	13.242*** (0.021)
国家控制变量	是	是	是	是	是
观测数	1839	1567	1816	1818	1910

注:***/**/*代表在1%/5%/10%的统计水平上显著。

表 6-6 "一带一路"倡议对不同类型产品出口额的影响(亚洲)

项目	中国出口额				
	初级产品	资源密集型产品	低技术制成品	中等技术制成品	高技术制成品
"一带一路"共建国家	0.392*** (0.040)	0.349*** (0.027)	0.650*** (0.043)	0.653*** (0.044)	0.304*** (0.063)

续表

项目	中国出口额				
	初级产品	资源密集型产品	低技术制成品	中等技术制成品	高技术制成品
常数项	18.934*** (0.025)	19.698*** (0.017)	20.569*** (0.027)	20.568*** (0.027)	20.163*** (0.039)
国家控制变量	是	是	是	是	是
观测数	450	450	450	450	450

注:***/**/*代表在1%/5%/10%的统计水平上显著。

表 6-7 "一带一路"倡议对不同类型产品进口额的影响(亚洲)

项目	中国进口额				
	初级产品	资源密集型产品	低技术制成品	中等技术制成品	高技术制成品
"一带一路"共建国家	0.962** (0.310)	0.028 (0.323)	−0.174 (0.372)	−0.186 (0.370)	0.432* (0.232)
常数项	17.409*** (0.195)	20.324*** (0.209)	16.679*** (0.234)	16.686*** (0.232)	16.548*** (0.144)
国家控制变量	是	是	是	是	是
观测数	445	404	446	446	450

注:***/**/*代表在1%/5%/10%的统计水平上显著。

表 6-8 "一带一路"倡议对不同类型产品出口额的影响(欧洲)

项目	中国出口额				
	初级产品	资源密集型产品	低技术制成品	中等技术制成品	高技术制成品
"一带一路"共建国家	0.258** (0.080)	−0.347*** (0.089)	−0.113* (0.057)	−0.113* (0.058)	0.189*** (0.054)
常数项	17.666*** (0.032)	18.890*** (0.035)	19.851*** (0.022)	19.860*** (0.023)	19.721*** (0.021)

续表

项目	中国出口额				
	初级产品	资源密集型产品	低技术制成品	中等技术制成品	高技术制成品
国家控制变量	是	是	是	是	是
观测数	427	426	430	430	430

注:*** / ** / * 代表在 1%/5%/10% 的统计水平上显著。

表 6-9 "一带一路"倡议对不同类型产品进口额的影响(欧洲)

项目	中国进口额				
	初级产品	资源密集型产品	低技术制成品	中等技术制成品	高技术制成品
"一带一路"共建国家	−1.363***	−1.393***	−0.985***	0.921***	1.557***
	(0.239)	(0.122)	(0.169)	(0.166)	(0.120)
常数项	18.347***	19.548***	17.849***	17.829***	18.852***
	(0.096)	(0.051)	(0.068)	(0.067)	(0.048)
国家控制变量	是	是	是	是	是
观测数	415	402	418	418	425

注:*** / ** / * 代表在 1%/5%/10% 的统计水平上显著。

表 6-10 "一带一路"倡议对不同类型产品出口额的影响(非洲)

项目	中国出口额				
	初级产品	资源密集型产品	低技术制成品	中等技术制成品	高技术制成品
"一带一路"共建国家	0.353***	0.701***	0.531***	0.513***	1.065***
	(0.057)	(0.081)	(0.051)	(0.051)	(0.049)
常数项	17.322***	17.581***	18.914***	18.929***	18.293***
	(0.002)	(0.002)	(0.002)	(0.002)	(0.001)

续表

项目	中国出口额				
	初级产品	资源密集型产品	低技术制成品	中等技术制成品	高技术制成品
国家控制变量	是	是	是	是	是
观测数	538	538	538	538	538

注：*** / ** / * 代表在1％/5％/10％的统计水平上显著。

表 6-11　"一带一路"倡议对不同类型产品进口额的影响（非洲）

项目	中国进口额				
	初级产品	资源密集型产品	低技术制成品	中等技术制成品	高技术制成品
"一带一路"共建国家	1.107*** (0.449)	−0.276 (0.219)	1.559*** (0.113)	0.552 (0.420)	0.480 (0.398)
常数项	15.334*** (0.015)	18.687*** (0.008)	13.624*** (0.004)	13.710*** (0.004)	10.287*** (0.013)
国家控制变量	是	是	是	是	是
观测数	492	391	471	472	490

注：*** / ** / * 代表在1％/5％/10％的统计水平上显著。

"一带一路"倡议全方位促进了中国对亚洲国家五类产品的出口，而对于进口，只在初级产品的进口和高技术制成品的进口方面有显著的效应。对于欧洲地区，研究发现中国对欧洲"一带一路"共建国家初级产品的出口和高技术制成品的出口有所增加，而资源密集型产品、低技术制成品和中等技术制成品的出口显著下降。再看进口部分，中国从欧洲"一带一路"共建国家更多进口了中等技术制成品和高技术制成品。贸易对象向附加值高的产品倾斜，贸易格局得到优化。非洲的"一带一路"共建国家在全部类型的产品上都增加了从中国的进口。非洲"一带一路"共建国家向中国更多地出口了初级产品和低技术制成品。这充分说明，"一带一路"倡议推动了中国和"一带一路"共建国家之间的贸易互动。不过，不同地区不同类型的产品受"一带一路"倡议的影响有所不同。这也给国际贸易研究提供了参考，即除了考虑总量的变化之外，区域和产品类型的区分也应纳入分析框架之中。

四、中国与"一带一路"沿线国家贸易潜力分析

有学者认为，关于贸易潜力的分析起源于对技术进步的研究。[①] 从生产函数的角度出发，生产潜力表示在给定技术、资本和劳动力投入的情况下，经济个体所能够实现产出的最大值。然而在现实中，由于受到生产过程中各个因素的影响，所得到的产出都不可能是最大产出，因此实际产出和最大产出之间存在差距，两者比值越接近 1，代表越趋近于生产潜力。相同道理，贸易潜力是指当不存在贸易摩擦时，纯粹自由贸易下的理

---

① 参见施炳展、李坤望：《中国出口贸易增长的可持续性研究——基于贸易随机前沿模型的分析》，载《数量经济技术经济研究》，2009(6)。

想贸易值。

　　学术界研究贸易潜力的方法主要有三种：引力模型方法、中间方法和随机前沿引力模型方法。[①] 通过引力模型计算贸易潜力的具体操作方法是，用实际贸易额除以引力模型拟合的预测贸易额。根据计算出的比值大小，可以将中国与贸易伙伴间的双边贸易潜力分为三种类型：潜力再造型（实际双边贸易额与预测双边贸易额的比值大于或等于 1.20）、潜力开拓型（实际双边贸易额与预测双边贸易额的比值在 0.80 到 1.20）、潜力巨大型（实际双边贸易额与预测双边贸易额的比值小于或等于 0.80）。潜力再造型的贸易伙伴的现有贸易潜力按模型分析已经用完，必须发展培育其他促进贸易发展的因素；潜力开拓型的贸易伙伴的双边贸易潜力尚未完全发挥，还有一定的提升空间；潜力巨大型的贸易伙伴扩大贸易规模的现有潜力非常大。

　　本研究利用这种方法，根据中国与"一带一路"沿线国家的引力模型，计算了 2014—2019 年[②]双边贸易潜力的具体数值（表6-12）。从俄罗斯的数据看，中国和俄罗斯的贸易潜力值都在0.80 以下，属于典型的潜力巨大型。这说明中国和俄罗斯之间还有非常大的贸易市场等待被挖掘、开拓。反观蒙古，中国和

――――――――――

　　① 参见刁莉、罗培、胡娟：《丝绸之路经济带贸易潜力及影响因素研究》，载《统计研究》，2017(11)。

　　② 因为 2020 年的数据受全球新冠肺炎疫情影响，波动较大，与之前年份不具有纵向可比性，故在此未做分析。

蒙古的贸易潜力值都在 1.80 以上，这说明中国和蒙古之间现阶段的贸易潜力已经被开发完全，需要进一步发展其他可以促进双方贸易发展的因素，如增加对外投资等。中亚地区，中国与哈萨克斯坦和乌兹别克斯坦的贸易潜力巨大，以后仍然有继续拓展双边贸易市场的巨大空间；与吉尔吉斯斯坦和土库曼斯坦的贸易已经十分充足；与塔吉克斯坦的贸易潜力值在逐步减小，表明贸易潜力有逐步增大的趋势。

表 6-12　2014—2019 年中国与"一带一路"沿线国家的贸易潜力估计值

地区	国家	2014 年	2015 年	2016 年	2017 年	2018 年	2019 年
俄蒙	俄罗斯	0.402	0.704	0.448	0.783	0.471	0.700
	蒙古	2.111	2.910	1.853	2.734	3.111	3.403
中亚	哈萨克斯坦	1.128	0.972	0.611	0.981	0.840	0.867
	吉尔吉斯斯坦	3.998	3.894	2.991	5.437	4.135	4.619
	塔吉克斯坦	1.988	1.856	1.649	1.525	1.065	1.063
	土库曼斯坦	3.334	2.576	3.506	2.386	2.132	2.024
	乌兹别克斯坦	1.010	0.809	0.644	0.497	0.543	0.907
东南亚	文莱	0.671	0.875	0.896	0.978	1.229	1.731
	缅甸	1.300	2.664	2.007	1.866	1.731	1.682
	柬埔寨	1.150	1.183	1.300	1.586	1.782	1.522
	印度尼西亚	1.171	1.306	0.843	0.910	0.952	0.923
	老挝	1.001	1.239	0.992	0.924	1.160	0.748
	马来西亚	4.161	4.640	3.898	4.380	4.208	3.284
	菲律宾	3.824	3.888	3.855	3.187	2.421	3.622
	新加坡	1.431	2.266	1.330	2.598	2.629	1.335
	越南	3.624	4.887	4.964	5.540	5.469	6.474
	泰国	1.797	2.419	2.099	2.770	2.263	2.054

续表

地区	国家	2014 年	2015 年	2016 年	2017 年	2018 年	2019 年
南亚	孟加拉国	2.352	1.465	2.564	1.634	1.710	1.391
	斯里兰卡	0.710	0.693	0.873	0.792	0.653	0.636
	马尔代夫	0.266	0.395	0.696	1.124	0.723	0.960
	尼泊尔	1.725	1.111	0.558	0.469	0.529	0.515
	巴基斯坦	1.026	0.756	0.904	0.986	0.775	0.709
	印度	0.685	0.734	0.739	0.713	0.855	0.885
中东欧	阿尔巴尼亚	0.762	0.842	0.965	1.144	1.371	1.441
	保加利亚	0.617	0.627	0.588	0.572	0.886	0.952
	白俄罗斯	0.311	0.347	0.330	0.428	0.290	0.410
	克罗地亚	0.302	0.326	0.551	0.675	0.657	0.797
	爱沙尼亚	0.957	1.142	1.352	1.638	1.898	1.313
	希腊	0.478	0.498	0.607	0.758	0.544	0.931
	匈牙利	1.003	1.111	1.153	1.394	1.254	1.712
	拉脱维亚	1.115	1.930	1.847	1.889	2.127	2.100
	波兰	1.039	1.002	0.891	1.042	1.122	1.366
	罗马尼亚	0.500	0.474	0.554	0.564	0.667	0.774
	塞尔维亚	0.403	0.224	0.243	0.273	0.213	0.348
	斯洛伐克	1.355	1.214	1.228	1.436	1.539	1.224
	斯洛文尼亚	1.351	1.436	1.659	1.526	1.862	1.479
	乌克兰	1.588	1.568	1.652	1.437	1.544	1.526
西亚北非	阿富汗	0.249	0.157	0.291	0.279	0.315	0.428
	阿塞拜疆	0.217	0.265	0.296	0.442	0.690	1.020
	巴林	1.467	1.148	1.363	1.021	0.963	0.946
	亚美尼亚	0.354	0.366	0.671	0.741	0.855	0.932
	塞浦路斯	0.214	0.346	0.433	0.755	0.772	0.802
	格鲁吉亚	0.420	0.535	0.489	0.556	0.709	0.791
	伊朗	1.501	1.758	1.786	1.205	1.113	1.405

续表

地区	国家	2014 年	2015 年	2016 年	2017 年	2018 年	2019 年
西亚北非	以色列	1.168	1.067	0.799	0.573	0.582	0.452
	科威特	1.855	1.326	1.562	1.865	1.842	1.660
	黎巴嫩	1.843	1.806	1.795	1.758	1.531	1.402
	阿曼	5.323	5.124	4.926	4.392	5.013	5.839
	卡塔尔	0.956	1.007	0.765	0.689	0.966	1.202
	沙特阿拉伯	1.579	1.906	1.459	1.365	1.358	1.326
	阿拉伯联合酋长国	2.383	2.069	1.533	1.908	1.640	1.186
	土耳其	0.816	0.641	0.648	0.584	0.507	0.529
	埃及	1.034	0.645	0.908	0.673	0.738	0.962
	约旦	2.310	1.975	2.344	1.811	1.297	1.166

注：伊拉克、也门、叙利亚等国家由于数据全部或部分缺失，未予展示。

东南亚国家情况差异较大。总体来看，东南亚几个体量比较大的市场已经发展得较为充分，未来想要创造更大的贸易规模需要发展其他可以促进贸易的要素。这种情况比较典型的国家有越南、马来西亚、菲律宾、泰国、新加坡和缅甸。与之相比，中国与印度尼西亚和老挝的贸易潜力近年有逐步扩大的趋势，表明在这两个国家有较为广大、潜在的贸易市场可被挖掘。中国与文莱和柬埔寨的贸易潜力在 1.20 上下徘徊，证明双方的贸易规模维持在较为充分的水平。

相较发展较为充分的东南亚地区，中国与南亚地区的贸易潜力仍然巨大。除了孟加拉国与中国的贸易潜力每年保持在 1.20 以上之外，中国与其他南亚国家的贸易潜力值基本都在 1.20 以下。这说明对于人口众多的南亚市场，中国与其之间的贸易体量还有进一步扩大的空间。进一步观察中东欧的数据发现，中国与阿尔巴尼亚、爱沙尼亚、匈牙利、拉脱维亚、波兰、斯洛伐克、斯洛文尼亚和乌克兰之间的贸易发展得相对充分，而与其他国家的贸易仍然有进一步开发的空间。在西亚北非地区，研究发现中国与资源出口密集型国家，如伊朗、科威特、阿曼、沙特阿拉伯、阿拉伯联合酋长国等国的贸易发展比较充分，而与其他西亚北非国家的贸易潜力仍然巨大。

需要澄清的一点是，尽管贸易潜力值较小，代表了有较大的贸易潜力可以被开发，但这并不代表贸易潜力值越小越好。因为在现实中，受到外部环境的影响，如贸易壁垒、运输成本、政治不稳定因素等，并非所有的贸易潜力都可以被释放出来。同样，贸易潜力值超过 1.20，也不代表中国与这个贸易国的贸易规模已经到了发展瓶颈期。因为潜在贸易规模是受到贸易国经济发展水平、两国之间贸易协定、中国对其直接投资等因素影响的。如果该国的经济水平持续发展，那么中国与该国的潜在贸易规模也是会相应扩大的。这也是"一带一路"倡议的意义所在：一方面，通过建立自由贸易区、推进区域贸易协定等方式减少贸易壁垒，通过基础设施建设降低物流成本，从而释放贸易不充分国家的贸易潜力；另一方面，通过增加对外投资、密集的贸易往来促进贸易国经济发展，来扩大原有的贸易市场，寻求更大的贸易总体规模。

五、"一带一路"国家与中国贸易发展对其经济增长
   影响的分析

2019 年，推进"一带一路"建设工作领导小组办公室发布的
《共建"一带一路"倡议：进展、贡献与展望》报告中提出，"一带
一路"倡议显著促进了"一带一路"沿线国家贸易和投资的自由
化、便利化，并对"一带一路"沿线国家的消费也起到了一定的
刺激作用。从需求端分析，投资、消费和出口是拉动经济增长
的三驾马车。自"一带一路"倡议提出后，中国从"一带一路"沿
线国家的进口迅速扩大。显而易见，与中国的贸易发展是促进
"一带一路"沿线国家经济增长的一个重要动力。

通过实证研究证实了"一带一路"倡议的贸易促进效应之后，
本研究进一步讨论"一带一路"倡议带来的贸易促进作用对于
"一带一路"国家经济发展的影响。对于"一带一路"倡议的经济
影响，理论上有研究发现国际资本对基础设施建设具有推动作
用，而基础设施建设又能促进当地国家经济增长。有学者通过
定性分析指出，"一带一路"倡议在中亚地区可以提高当地国家
的基础设施水平，使其产品流通到新的市场，并有利于当地国
家吸引投资，从而促进当地国家经济发展。还有学者同样通过

定性分析说明,"一带一路"倡议可以提高当地国家的资源流动和贸易效率,促进区域经济一体化。

本部分研究将通过两个指标来反映"一带一路"国家的经济发展状况。第一是人均 GDP,用来反映"一带一路"国家的经济水平,第二是 GDP 增长率,用来反映"一带一路"国家的经济增长状况。将这两个变量作为解释变量纳入模型之中,用水平和增长率来反映"一带一路"国家的经济发展。一个国家的经济发展除了受到外部条件的影响之外,还会受到内部条件的影响。这些内部条件被统称为国家控制变量,本部分研究选取了人均教育水平、政府执政能力等国家控制变量纳入模型之中。

作为重要的外部条件,本部分研究设计"一带一路"倡议为虚拟变量,将"一带一路"国家分为"一带一路"沿线国家和"一带一路"共建国家。对于"一带一路"沿线国家,2013—2021 年取值为 1,其他年份取值为 0。对于非"一带一路"沿线国家,全部年份取值为 0。对于"一带一路"共建国家,签约年份以及之后年份取值为 1,签约之前年份取值为 0。对于非"一带一路"共建国家,全部年份取值为 0。在贸易的指标方面,选取"一带一路"国家与中国的贸易额、对中国的出口额、从中国的进口额来度量。这些指标与"一带一路"倡议进行交互项分析,从而判断"一带一路"倡议是否可以促进贸易发展。这是本部分研究重点关注的解释变量。由于"一带一路"倡议带来了大量的直接投资，而外商投资被认为是显著促进东道国经济发展的重要因素之一，因此为保证能准确估计出来自贸易发展的作用，模型也控制了来自中国的直接投资量，用当年计的存量表示。

基于以上框架和指标，本部分所要检验的研究假设是：假设一，在考虑国家控制变量的情况下，与中国的贸易能显著带动一个国家经济的发展；假设二，"一带一路"倡议能够显著增强贸易推动经济发展的作用。

本部分研究所采用的估计模式如下：

$$lnECON_{it} = \beta_0 + \beta_1 lntrade_{it} + \beta_2 lntrade_{it} * BRC_i +$$
$$W'_{it}\gamma + \mu_j + \mu_t + \varepsilon_{jt}$$

其中，$ECON_{it}$ 代表国家 i 在时间 t 的经济发展状况，本部分研究将用人均 GDP 和 GDP 增长率两个指标分别衡量。$lntrade_{it}$ 代表国家 i 在时间 t 与中国的贸易，本部分研究从与中国的贸易额、对中国的出口额和从中国的进口额三个角度分析。$ln\, trade_{it} * BRC_i$ 是交互项。W_{it} 是一系列国家控制变量，包括中国对外直接投资存量。μ_j 为国家固定效应。μ_t 为时间固定效应，控制了时间层面的影响，如全球经济基本面的变化、金融危机等特殊事件的影响。ε_{jt} 为残差项。

本部分研究将使用固定效应模型，同时控制国家固定效应和时间固定效应。表 6-13 展示了"一带一路"倡议对不同地区

"一带一路"沿线国家和"一带一路"共建国家人均 GDP 的影响。[①] 列(1)(2)(6)(7)(11)(12)展示的是亚洲"一带一路"沿线国家和欧洲"一带一路"沿线国家的情况[②]，其余 9 列展示的是亚洲、欧洲、非洲"一带一路"共建国家的情况。列(1)至列(5)研究的对象是与中国的贸易额，列(6)至列(10)研究的对象是对中国的出口额，列(11)至列(15)研究的对象是从中国的进口额。结果显示，不管是亚洲、欧洲还是非洲，"一带一路"沿线国家和"一带一路"共建国家与中国的贸易发展都显著促进了其国人均 GDP 的增长。这证实了假设一。而与"一带一路"倡议的交互项也显著为正，这说明"一带一路"国家的身份能够进一步增强"一带一路"国家与中国的贸易对其国人均 GDP 的影响，说明了"一带一路"倡议能够促进贸易发展。这证实了假设二。从人均 GDP 角度考虑经济发展的状况，与中国贸易的经济促进作用在各大洲之间并没有明显差异。这表明，"一带一路"倡议利好于全部与之相关的地区，不管是经济相对发达的欧洲地区还是相对不发达的非洲地区，这体现出"一带一路"倡议这种国际合作模式的有效性。

---

① 篇幅所限，本书仅展示了吸纳中国直接投资存量的结果，国家控制变量的结果没有展示。

② "一带一路"沿线国家仅有埃及一个非洲国家，因此不具有统计意义，所以没有非洲"一带一路"沿线国家的估计结果。

表 6-13 "一带一路"国家与中国贸易发展对其人均 GDP 的影响

项目	(1) 亚洲	(2) 欧洲	(3) 亚洲	(4) 欧洲	(5) 非洲	(6) 亚洲	(7) 欧洲	(8) 亚洲	(9) 欧洲	(10) 非洲	(11) 亚洲	(12) 欧洲	(13) 亚洲	(14) 欧洲	(15) 非洲
与中国的贸易额	0.731*** (0.012)	0.394*** (0.018)	0.725*** (0.012)	0.394*** (0.018)	0.327*** (0.007)										
与中国的贸易额（交互项）	0.036*** (0.004)	0.105*** (0.003)	0.026*** (0.003)	0.105*** (0.003)	0.062*** (0.002)										
对中国的出口额						0.443*** (0.010)	0.211*** (0.012)	0.420*** (0.009)	0.211*** (0.012)	0.132*** (0.007)					
对中国的出口额（交互项）						0.077*** (0.005)	0.146*** (0.006)	0.050*** (0.004)	0.146*** (0.006)	0.118*** (0.006)					
从中国的进口额											0.769*** (0.018)	0.332*** (0.019)	0.761*** (0.015)	0.332*** (0.019)	0.291*** (0.013)
从中国的进口额（交互项）											0.050*** (0.004)	0.129*** (0.003)	0.036*** (0.002)	0.129*** (0.003)	0.051*** (0.002)

续表

项目	(1)	(2)	(3)	(4)	(5)	(6)	(7)	(8)	(9)	(10)	(11)	(12)	(13)	(14)	(15)
	亚洲	欧洲	亚洲	欧洲	非洲	亚洲	欧洲	亚洲	欧洲	非洲	亚洲	欧洲	亚洲	欧洲	非洲
中国对外直接投资存量	-0.189*** (0.011)	0.037** (0.015)	-0.181*** (0.012)	0.037** (0.015)	0.034*** (0.010)	-0.158*** (0.016)	0.069*** (0.014)	-0.144*** (0.016)	0.069*** (0.014)	0.066*** (0.014)	-0.164*** (0.011)	0.040** (0.016)	-0.155*** (0.011)	0.040** (0.016)	0.089*** (0.010)
国家控制变量	是	是	是	是	是	是	是	是	是	是	是	是	是	是	是
观测数	689	605	689	605	796	688	605	688	605	784	689	605	689	605	796

注：***/**/* 代表在 1%/5%/10% 的统计水平上显著。

表 6-14 从 GDP 增长率的角度衡量经济发展，进而分析"一带一路"倡议在促进经济发展中的作用。研究选取了亚欧"一带一路"沿线国家和亚欧非"一带一路"共建国家作为研究对象进行分析。与通过人均 GDP 衡量经济发展水平的结果不同，在这个结果中，我们发现了一定的区域差异。从"一带一路"沿线国家角度分析，对于亚洲和欧洲地区来说，尽管与中国的贸易能显著提高其 GDP 增长率，但是在欧洲地区，这个作用显著程度较低。而对于亚洲地区来说，与中国的贸易额、出口额、进口额都能够显著促进当地国家 GDP 的增长，而且这个作用是非常显著的。从"一带一路"共建国家角度分析，与中国的贸易规模能够显著促进亚洲地区国家的 GDP 增长率，不太显著地促进欧洲地区国家的 GDP 增长率。对于非洲地区来说，与中国的贸易规模对其 GDP 增长率影响较小。其中可能的原因是：首先，由于非洲地区整体经济较为落后，且政治格局不稳定，因此其经济的增长不稳定，且受到的其他冲击作用明显，这可能减小了来自中国贸易的经济促进作用；其次，整体上中国贸易在非洲地区体量小，区域差异大，因而其作用在统计方面容易不显著。

通过观察与"一带一路"倡议的交互项可以发现，尽管与中国的贸易规模不显著，但是非洲的"一带一路"共建国家是可以享受贸易带来的经济红利的。具体来讲，非洲地区的三个交互项均在 10％的统计水平上显著，这证明与非"一带一路"共建国

表 6-14　"一带一路"国家与中国贸易发展对其 GDP 增长率的影响

项目	(1) 亚洲	(2) 欧洲	(3) 亚洲	(4) 欧洲	(5) 非洲	(6) 亚洲	(7) 欧洲	(8) 亚洲	(9) 欧洲	(10) 非洲	(11) 亚洲	(12) 欧洲	(13) 亚洲	(14) 欧洲	(15) 非洲
与中国的贸易额	0.190*** (0.023)	0.117* (0.059)	0.165*** (0.023)	0.117* (0.059)	0.020 (0.030)										
与中国的贸易额（交互项）	0.068*** (0.014)	0.052*** (0.010)	0.020*** (0.006)	0.052*** (0.010)	0.019* (0.011)										
对中国的出口额						0.145*** (0.015)	0.087* (0.044)	0.102*** (0.013)	-0.087** (0.034)	0.016 (0.021)					
对中国的出口额（交互项）						0.082*** (0.015)	0.063*** (0.013)	0.028*** (0.008)	0.063*** (0.013)	0.023* (0.013)					
从中国的进口额											0.197*** (0.030)	0.108* (0.056)	0.172*** (0.030)	0.108* (0.056)	0.022* (0.013)
从中国的进口额（交互项）											0.076*** (0.014)	0.060*** (0.011)	0.025*** (0.007)	0.060*** (0.011)	-0.011* (0.018)

续表

项目	(1)	(2)	(3)	(4)	(5)	(6)	(7)	(8)	(9)	(10)	(11)	(12)	(13)	(14)	(15)
	亚洲	欧洲	亚洲	欧洲	非洲	亚洲	欧洲	亚洲	欧洲	非洲	亚洲	欧洲	亚洲	欧洲	非洲
中国对外直接投资存量	0.098***	0.022	0.094***	0.022	-0.007	0.095***	0.015	0.087***	0.015	-0.011	0.091***	0.022	0.085***	0.022	0.000
	(0.021)	(0.015)	(0.023)	(0.015)	(0.013)	(0.023)	(0.016)	(0.024)	(0.016)	(0.017)	(0.022)	(0.015)	(0.023)	(0.015)	(0.014)
国家控制变量	是	是	是	是	是	是	是	是	是	是	是	是	是	是	是
观测数	656	512	656	512	718	655	512	655	512	707	656	512	656	512	718

注：***/**/*代表在1%/5%/10%的统计水平上显著。

家相比，非洲"一带一路"共建国家与中国的贸易是可以促进其GDP增长的。而此效应在亚洲和欧洲地区是非常显著的。因此，对于假设一，我们做出一定补充：在考虑国家控制变量的情况下，与中国的贸易能显著带动"一带一路"国家的经济发展，但存在地区差异，在非洲地区作用不显著。对于假设二，我们不做改变。因为不管是用人均GDP，还是用GDP增长率来衡量经济发展水平，此假设对于全部"一带一路"国家都适用。

通过本部分研究可以发现，与中国的贸易能够显著促进"一带一路"国家的经济发展。出口本身就是拉动经济增长的三驾马车之一，而中国又是按照购买力平价计算的世界第一大经济体，那么与中国的贸易显然可以直接影响到本国的经济发展。那么贸易促进经济发展的间接路径又有哪些呢？通过相关理论分析和文献阅读，本部分研究认为主要有就业因素和产业结构升级因素，即中国与"一带一路"国家进出口贸易的发展有助于"一带一路"国家提高就业率，同时促进国家的产业结构升级。随着中国与"一带一路"国家进出口贸易的发展，在这些国家中产生了大量的第三产业服务性就业岗位。这从规模上就扩大了当地的就业市场。同时，与第一产业从业人员相比，之前具有一定工作技能或拥有较高教育水平的第二产业从业人员会更倾向于接受这些岗位，以此获取更优厚的工资收入，这导致了"一带一路"国家中第二产业和第三产业从业人员的相对比例结构发生了变化，进而促进了"一带一路"国家的产业结构升级。

第七章 | 中国与"一带一路"沿线国家的
服务贸易

一、中国与"一带一路"沿线国家服务贸易现状的统计性描述

随着"一带一路"倡议的不断推进,中国与"一带一路"沿线国家间的贸易交流越来越频繁,各国之间人员来往更加方便快捷,这促进了中国与"一带一路"沿线国家在很多领域的服务贸易合作。2018年,中国成功举办了首届国际进口博览会、中国(北京)国际服务贸易交易会和中国(上海)国际技术进出口

交易会等主要展会，为中国与"一带一路"沿线国家的服务贸易合作提供了良好契机。2018 年，中国与"一带一路"沿线国家和地区的服务贸易进出口总额达到 1217 亿美元，占中国服务贸易总额的 15.4%。[①] 本部分首先从服务贸易规模、净出口、净进口入手对中国与"一带一路"沿线国家开展比较分析，然后从出口结构和进口结构两方面对中国与"一带一路"沿线国家各部门服务贸易的发展特征予以识别和比较。

(一)中国与"一带一路"沿线国家的服务贸易规模及其比较

中国与不同区域"一带一路"沿线国家的服务贸易规模如表 7-1 所示。2005—2020 年，中国与不同区域"一带一路"沿线国家的服务贸易规模大体呈增长趋势，其中中亚、独联体和西亚"一带一路"沿线国家的服务贸易规模平均增长率较低，分别为 3.90%、3.95% 和 4.58%；中东欧和东盟"一带一路"沿线国家的服务贸易规模平均增长率居于中间，分别为 6.15% 和 6.78%；南亚和东亚"一带一路"沿线国家的服务贸易规模平均增长率较高，分别为 8.10% 和 9.10%；中国服务贸易规模的平均增长率为 10.55%。从表 7-1 可以看出，2009 年受到金融危机的影响，中国与不同区域"一带一路"沿线国家的服务贸易规模

---

① 参见中华人民共和国中央人民政府网站。

相比 2008 年均有所回落；2020 年受到新冠肺炎疫情的影响，中国与不同区域"一带一路"沿线国家的服务贸易规模相比 2019 年也均有所降低。另外，不同区域"一带一路"沿线国家的服务贸易规模相差很大，如东盟和西亚的服务贸易规模较大，东亚和中亚的服务贸易规模较小。

表 7-1　2005—2020 年中国与不同区域"一带一路"沿线国家的服务贸易规模

单位：百万美元

年份	东亚	东盟	西亚	南亚	中亚	独联体	中东欧	中国
2005 年	815	252576	308329	133880	11642	97471	156838	162439
2006 年	904	291526	359368	167498	13887	115615	184360	194909
2007 年	1038	352029	435101	203984	18676	147111	233382	265450
2008 年	1148	409042	512696	226149	19488	189473	292941	322262
2009 年	989	364793	467658	200935	17491	153113	244927	302493
2010 年	1275	441114	497654	266600	21749	176284	248873	371740
2011 年	1890	516404	537784	302459	22986	209903	282814	448891
2012 年	2729	563691	560943	315558	28745	239467	277440	482876
2013 年	2687	618737	604567	316643	29191	272380	303535	537614
2014 年	2503	650414	722916	331549	29164	252702	326000	652024
2015 年	2093	640240	690316	326651	25150	198118	294574	654175
2016 年	2940	657141	658717	343357	23771	183037	315851	661626
2017 年	3145	724240	715129	394044	25297	211495	359735	695680
2018 年	3764	821859	774902	439537	29735	229105	414084	796605
2019 年	4457	859372	824201	450531	30497	235242	428732	783872
2020 年	2760	633155	577315	398215	19900	167751	361582	661716
平均增长率	9.10%	6.78%	4.58%	8.10%	3.90%	3.95%	6.15%	10.55%

数据来源：UNCTAD 数据库。

　　另外，表7-2统计了2005年、2010年、2015年和2020年，中国与"一带一路"沿线国家的服务贸易规模的排名。从服务贸易规模位居前十的国家的分布来看，中国、印度、新加坡2005—2020年始终位居前三，但希腊没有出现在2015年和2020年排名前十名单上。希腊可能受债务危机影响，导致其贸易规模下降。与此同时，阿拉伯联合酋长国充分利用了自己丰富的石油储量的优势，2015年后跻身于第四名。从2005—2020年的平均服务贸易规模来看，各国的服务贸易规模差距很大，排名第一的中国的平均服务贸易规模是排名第十的土耳其的平均服务贸易规模的约7.5倍，平均服务贸易规模的标准差达到76530百万美元，极差为499376百万美元。

表7-2　2005—2020年中国与"一带一路"沿线国家的服务贸易规模排名

单位：百万美元

排名	2005年		2010年	
	国家	贸易规模	国家	贸易规模
1	中国	162439	中国	371740
2	印度	112815	印度	231996
3	新加坡	100657	新加坡	200901
4	俄罗斯	69316	俄罗斯	124438
5	希腊	50080	沙特阿拉伯	87461
6	泰国	46724	泰国	75673
7	沙特阿拉伯	44496	马来西亚	67321
8	马来西亚	41705	波兰	64454
9	土耳其	39772	希腊	57393
10	印度尼西亚	35194	土耳其	56153

续表

排名	2015 年		2020 年	
	国家	贸易规模	国家	贸易规模
1	中国	654175	中国	661716
2	新加坡	314893	新加坡	360254
3	印度	279845	印度	357177
4	阿拉伯联合酋长国	142655	阿拉伯联合酋长国	121661
5	俄罗斯	140384	俄罗斯	112087
6	沙特阿拉伯	102510	波兰	107210
7	泰国	100600	泰国	78561
8	土耳其	80988	以色列	77902
9	波兰	76156	沙特阿拉伯	64131
10	马来西亚	75107	土耳其	60596

排名	2005—2020 年		
	国家	贸易规模	标准差/极差
1	中国	499648	
2	新加坡	262444	
3	印度	261425	
4	俄罗斯	135964	
5	阿拉伯联合酋长国	93301	76530/499376
6	泰国	90335	
7	沙特阿拉伯	86139	
8	波兰	75198	
9	马来西亚	69939	
10	土耳其	66424	

数据来源：UNCTAD 数据库。

(二)中国与"一带一路"沿线国家的服务贸易净出口和净进口及其比较

中国与不同区域"一带一路"沿线国家的服务贸易净出口的变化趋势如表 7-3 所示。中东欧、南亚的服务贸易存在较大贸易顺差。

表 7-3　2005—2020 年中国与不同区域"一带一路"沿线国家的服务贸易净出口额

单位：百万美元

年份	东亚	东盟	西亚	南亚	中亚	独联体	中东欧	中国
2005 年	14	−25831	−6257	−14628	−5336	−9500	23147	−5502
2006 年	67	−22781	−24348	−13133	−5961	−8454	27199	−6767
2007 年	109	−15852	−42121	−11671	−8235	−13684	35916	5190
2008 年	−109	−25733	−61517	10270	−6537	−17891	40899	4365
2009 年	−154	−12677	−60202	8546	−5578	−14146	32303	−15346
2010 年	−303	−11318	−67283	−115	−8731	−19774	33986	−15063
2011 年	−848	−9098	−84812	7163	−8007	−25242	42757	−46797
2012 年	−1426	−12045	−93048	11732	−10683	−38296	43092	−79724
2013 年	−1310	−11866	−86077	16436	−9541	−52219	50459	−123602
2014 年	−1289	−18216	−94785	23662	−7998	−55334	54723	−213742
2015 年	−715	−4341	−80001	27560	−5868	−36573	52315	−216907
2016 年	−1338	14992	−58184	21564	−5647	−22247	62000	−242568
2017 年	−1212	15706	−48487	22640	−5634	−28215	73429	−239499
2018 年	−1449	38866	−43489	21704	−7452	−24720	85340	−253704
2019 年	−1992	49482	−21046	29753	−6167	−30787	87812	−217488
2020 年	−1450	−6626	−38480	44206	−5279	−11072	71620	−100459

数据来源：UNCTAD 数据库。

　　具体而言，2005—2020 年，中国服务贸易逆差总体上呈不断扩大的趋势，2018 年服务贸易逆差达到最大，为 253704 百万美元，是 2005 年的约 46 倍，随后 2019—2020 年逆差有所减小，2020 年逆差为 100459 百万美元，是 2005 年的约 18 倍。自 2005 年以来，中东欧"一带一路"沿线国家一直保持着良好的服务贸易顺差，2019 年服务贸易顺差达到最大，为 87812 百万美元，是 2005 年的约 3.8 倍，2020 年受到新冠肺炎疫情的影响，贸易顺差减小至 71620 百万美元，但仍是 2005 年的 3 倍多。2005 年，南亚"一带一路"沿线国家服务贸易逆差大，但此后出口额不断增长，至 2008 年服务贸易第一次出现顺差，2020 年服务贸易顺差达 44206 百万美元，仅次于中东欧"一带一路"沿线国家。2005 年，西亚"一带一路"沿线国家的服务贸易逆差较小，随着时间的推移，逆差逐渐增大，2014 年达到最大，为 94785 百万美元，随后逆差有所减小，2020 年逆差为 38480 百万美元，相比 2014 年减小约 59%。独联体"一带一路"沿线国家的服务贸易逆差变动趋势与西亚"一带一路"沿线国家的类似，2005 年逆差较小，随着时间的推移，逆差逐渐增大，2014 年达到最大，为 55334 百万美元，随后逆差有所减小，2020 年逆差为 11072 百万美元，相比 2014 年减小约 80%。东盟"一带一路"沿线国家的服务贸易 2005—2015 年一直处于逆差，但逆差不断减小，2015 年减小到 4341 百万美元，2016 年转为顺差,并且顺差逐渐扩大,2019 年顺差达到 49482 百万美元,2020 年受新冠肺炎疫情的影响,又变为逆差,为 6626 百万美元。

表 7-4 展示的是 2005 年、2010 年、2015 年和 2020 年,中国与"一带一路"沿线国家的服务贸易净出口排名前十的国家以及各个国家的净出口额,其中中国服务贸易净出口排名未进入前十。2005 年和 2010 年,排名第一和排名第二的国家分别为希腊和土耳其,并且在五年间净出口额变化不大,但其他排名前十的国家的净出口额变动幅度较大,如埃及、以色列的净出口额 2010 年相比 2005 年增长了一倍多,而罗马尼亚、黎巴嫩的净出口排名在 2010 年跌出前十。2015 年和 2020 年,印度的净出口排名第一,主要与印度的通信、计算机服务大规模出口有关,新加坡在 2020 年净出口排名上升至第四位。从 2005—2020 年年均净出口规模来看,土耳其、希腊和印度分列前三位,并且大部分国家的年均净出口规模相差很大,土耳其年均净出口规模是塞浦路斯的近 5 倍。

表 7-4　2005—2020 年中国与"一带一路"沿线国家的服务贸易净出口排名

单位:百万美元

排名	2005 年		2010 年	
	国家	净出口额	国家	净出口额
1	希腊	17637	希腊	17127
2	土耳其	15872	土耳其	16745

续表

排名	2005 年		2010 年	
	国家	净出口额	国家	净出口额
3	克罗地亚	5472	埃及	9089
4	罗马尼亚	4170	克罗地亚	8120
5	埃及	4135	以色列	6568
6	塞浦路斯	3752	菲律宾	5765
7	波兰	3090	乌克兰	5615
8	以色列	3012	波兰	4963
9	黎巴嫩	2974	捷克	4109
10	乌克兰	2867	塞浦路斯	4047
排名	2015 年		2020 年	
	国家	净出口额	国家	净出口额
1	印度	32711	印度	49328
2	土耳其	29988	以色列	27237
3	希腊	18397	波兰	26805
4	泰国	15564	新加坡	14875
5	以色列	13180	菲律宾	13080
6	波兰	12060	罗马尼亚	10748
7	克罗地亚	8010	土耳其	9154
8	罗马尼亚	7565	希腊	8313
9	菲律宾	5455	克罗地亚	5740
10	匈牙利	5441	立陶宛	5716
排名	2005—2020 年			
	国家	净出口额		
1	土耳其	22535		
2	希腊	19216		
3	印度	18694		

续表

排名	2005—2020 年	
	国家	净出口额
4	波兰	12498
5	以色列	11403
6	克罗地亚	8376
7	菲律宾	6779
8	罗马尼亚	6045
9	匈牙利	4662
10	塞浦路斯	4568

数据来源：UNCTAD 数据库。

表 7-5 展示的是 2005 年、2010 年、2015 年和 2020 年，中国与"一带一路"沿线国家的服务贸易净进口排名前十的国家以及各个国家的净进口额。其中，中国服务贸易净进口排名处于上升的趋势，2005 年排名第十，2010 年上升至第四位，2015 年和 2020 年上升至第一位。2005 年和 2010 年，服务贸易净进口排名前三的国家分别为沙特阿拉伯、阿拉伯联合酋长国和俄罗斯。另外，从各个时间点排名前十的国家的分布情况来看，一些国家的排名变动很大。例如，新加坡的服务贸易净进口在 2005 年排名第四，到 2010 年就跌出前十了；阿拉伯联合酋长国在 2015 年前稳居前四位，但在 2020 年排名跌出了前十。另外，也有国家的服务贸易净进口在某一年排进了前十，但在后面的时间点就再未排进前十，如 2010 年的哈萨克斯坦。从 2005—2020 年年均净进口规模来看，中国、沙特阿拉伯、俄罗

斯和阿拉伯联合酋长国分列前四位，并且大部分国家的年均净进口规模相差很大，中国年均净进口规模是哈萨克斯坦的近19倍。

表 7-5　2005—2020 年中国与"一带一路"沿线国家的服务贸易净进口排名

单位：百万美元

排名	2005 年		2010 年	
	国家	净进口额	国家	净进口额
1	沙特阿拉伯	21694	沙特阿拉伯	66084
2	阿拉伯联合酋长国	14584	阿拉伯联合酋长国	30364
3	俄罗斯	11626	俄罗斯	26120
4	新加坡	9447	中国	15063
5	印度尼西亚	9200	伊朗	10040
6	印度	8457	印度尼西亚	9574
7	泰国	6873	哈萨克斯坦	7250
8	伊朗	5842	伊拉克	7030
9	伊拉克	5739	泰国	6993
10	中国	5502	科威特	6775
排名	2015 年		2020 年	
	国家	净进口额	国家	净进口额
1	中国	216907	中国	100459
2	沙特阿拉伯	73562	沙特阿拉伯	43635
3	俄罗斯	37152	俄罗斯	17181
4	阿拉伯联合酋长国	21103	卡塔尔	15268
5	科威特	17741	泰国	15154
6	卡塔尔	15778	科威特	11737
7	伊拉克	12779	马来西亚	11424

续表

排名	2015 年		2020 年	
	国家	净进口额	国家	净进口额
8	印度尼西亚	8697	伊拉克	9993
9	新加坡	8493	印度尼西亚	9596
10	阿曼	6819	阿曼	3709

排名	2005—2020 年	
	国家	净进口额
1	中国	110476
2	沙特阿拉伯	58193
3	俄罗斯	29533
4	阿拉伯联合酋长国	20711
5	科威特	12488
6	卡塔尔	10737
7	伊拉克	9598
8	印度尼西亚	9568
9	伊朗	7184
10	哈萨克斯坦	5886

数据来源：UNCTAD 数据库。

(三)中国与"一带一路"沿线国家的服务贸易结构及各部门发展现状

本部分对 2005 年、2010 年、2015 年和 2020 年，中国与"一带一路"沿线国家服务贸易进出口总额及其不同部门的进出口总额进行分析，从而归纳出 2005—2020 年中国与"一带一路"沿线国家服务贸易进出口结构的发展变化。

表 7-6 统计了 2005 年、2010 年、2015 年和 2020 年,中国与"一带一路"沿线国家的服务贸易总出口及其排名。从服务贸易总出口位居前十的国家的分布来看,中国、印度、新加坡2005—2020 年始终位居前三,但另两个 2005 年和 2010 年的出口大国希腊和俄罗斯没有出现在 2015 年和 2020 年前五位的名单上。究其原因,希腊可能受债务危机影响,而俄罗斯可能与自身工业发达,但服务贸易发展较为欠缺的产业结构有关。与此同时,泰国由于大力发展旅游业,2015 年其服务贸易出口额已经跻身前五位;阿拉伯联合酋长国充分利用了自己丰富的石油储量的优势,2015 年和 2020 年其服务贸易出口额跻身前五位。

表 7-6　2005—2020 年中国与"一带一路"沿线国家的服务贸易出口额排名

单位:百万美元

排名	年份及出口额							
	2005 年		2010 年		2015 年		2020 年	
1	中国	78469	中国	178339	中国	218634	中国	280629
2	印度	52179	印度	117068	印度	156278	印度	203253
3	新加坡	45605	新加坡	100382	新加坡	153200	新加坡	187564
4	希腊	33859	俄罗斯	49159	阿拉伯联合酋长国	60776	波兰	67007
5	俄罗斯	28845	希腊	37260	泰国	58082	阿拉伯联合酋长国	62138
6	土耳其	27822	土耳其	36449	土耳其	55488	以色列	52569

续表

排名	年份及出口额						
	2005 年		2010 年		2015 年		2020 年	
7	泰国	19925	波兰	34708	俄罗斯	51616	俄罗斯	47453
8	马来西亚	19750	马来西亚	34676	波兰	44108	土耳其	34875
9	波兰	18036	泰国	34340	以色列	37444	泰国	31703
10	以色列	17349	以色列	25375	希腊	35116	菲律宾	31410

数据来源：UNCTAD 数据库。

从表 7-7 展示的与货物相关的服务贸易出口额来看，中国该部门的出口额一直位居第一，但其占本国服务贸易总出口额的比重持续降低，由 2005 年的 16.96％降至 2020 年的 8.94％；2005 年，罗马尼亚与货物相关的服务贸易出口额位居第二，占本国服务贸易总出口额的比重达 47.68％，2020 年，罗马尼亚与货物相关的服务贸易出口额仍位居第四，但比重降至 13.09％；2005 年，与货物相关的服务贸易出口额排名第三和第四的新加坡和俄罗斯，其与货物相关的服务贸易出口额比重到 2020 年均有不同程度的上升，其中新加坡与货物相关的服务贸易出口额比重由 2005 年的 6.74％上升至 2020 年的 10.02％，俄罗斯与货物相关的服务贸易出口额比重由 2005 年的 8.04％上升至 2020 年的 15.66％。

表 7-7 2005—2020 年中国与"一带一路"沿线国家的与货物相关的
服务贸易出口额排名

单位：百万美元

排名	2005 年			2010 年		
	国家	出口额	占比	国家	出口额	占比
1	中国	13311	16.96%	中国	25212	14.14%
2	罗马尼亚	4610	47.68%	新加坡	6555	6.53%
3	新加坡	3072	6.74%	俄罗斯	4148	8.44%
4	俄罗斯	2318	8.04%	马来西亚	2788	8.04%
5	波兰	1793	9.94%	波兰	2478	7.14%
6	捷克	1323	10.06%	乌克兰	1789	9.76%
7	匈牙利	1319	10.05%	罗马尼亚	1597	15.39%
8	乌克兰	1309	12.54%	捷克	1340	6.11%
9	克罗地亚	445	4.90%	匈牙利	1256	6.47%
10	爱沙尼亚	345	9.95%	保加利亚	628	9.47%
排名	2015 年			2020 年		
	国家	出口额	占比	国家	出口额	占比
1	中国	24041	11.00%	中国	25089	8.94%
2	新加坡	7028	4.59%	新加坡	5549	10.02%
3	波兰	4614	10.46%	波兰	6713	2.96%
4	罗马尼亚	3262	17.12%	罗马尼亚	3227	13.09%
5	俄罗斯	2619	5.07%	俄罗斯	2002	15.66%
6	马来西亚	2532	7.25%	马来西亚	3424	11.91%
7	捷克	2339	10.05%	捷克	2822	10.82%
8	匈牙利	2203	9.79%	匈牙利	2276	10.18%
9	乌克兰	1270	10.21%	乌克兰	1578	4.22%
10	土耳其	1246	2.25%	土耳其	1576	10.17%

数据来源：UNCTAD 数据库。

注：表中比重为该国该部门服务贸易出口额占该国当年服务贸易总出口额的比重。

从表 7-8 展示的交通服务贸易出口额来看，新加坡依靠优越的地理位置和优良的港口服务优势，交通服务贸易出口额 2005—2015 年一直位居榜首，但其占本国服务贸易总出口额的比重却从 2005 年的 42.73％下降至 2015 年的 30.43％；希腊的交通服务贸易出口额 2005 年位居第二，占本国服务贸易总出口额的比重为 50.93％，2020 年，比重上升至 60.83％，但其排名跌出前五名；而卡塔尔和立陶宛 2020 年的交通服务贸易出口则表现突出，出口额排名位居前十，其占本国服务贸易总出口额的比重为 60％左右。2005—2020 年，中国的交通服务贸易出口额排名始终位于前三名，其中 2020 年中国的交通服务贸易出口额排名跃居第一，所占比重为 20.53％。

表 7-8 2005—2020 年中国与"一带一路"沿线国家的交通服务贸易出口额排名

单位：百万美元

排名	2005 年			2010 年		
	国家	出口额	占比	国家	出口额	占比
1	新加坡	19488	42.73％	新加坡	38582	38.43％
2	希腊	17243	50.93％	中国	34211	19.18％
3	中国	15427	19.66％	希腊	20461	54.92％
4	俄罗斯	9125	31.63％	俄罗斯	14872	30.25％
5	印度	6537	12.53％	印度	13275	11.34％
6	波兰	5362	29.73％	土耳其	9417	25.84％
7	土耳其	5076	18.24％	波兰	8312	23.95％
8	埃及	4746	32.41％	乌克兰	7991	43.60％

续表

排名	2005 年			2010 年		
	国家	出口额	占比	国家	出口额	占比
9	泰国	4626	23.22%	埃及	7916	33.25%
10	乌克兰	4564	43.71%	泰国	5914	17.22%

排名	2015 年			2020 年		
	国家	出口额	占比	国家	出口额	占比
1	新加坡	46622	30.43%	中国	57623	20.53%
2	中国	38594	17.65%	新加坡	53122	28.32%
3	阿拉伯联合酋长国	23417	38.53%	印度	20797	10.23%
4	土耳其	19689	35.48%	波兰	19057	28.44%
5	俄罗斯	16640	32.24%	阿拉伯联合酋长国	16555	26.64%
6	希腊	15160	43.17%	俄罗斯	16444	34.65%
7	印度	14319	9.16%	希腊	15778	60.83%
8	波兰	11362	25.76%	土耳其	14268	40.91%
9	埃及	9727	52.47%	卡塔尔	11276	58.04%
10	卡塔尔	7413	49.43%	立陶宛	7796	63.37%

数据来源：UNCTAD 数据库。

注：表中比重为该国该部门服务贸易出口额占该国当年服务贸易总出口额的比重。

就旅游服务贸易出口额而言，如表 7-9 所示，2005 年、2010 年和 2015 年，中国的旅游服务贸易出口额位于榜首，2020 年受新冠肺炎疫情影响，其旅游服务贸易出口额排名仅次于阿拉伯联合酋长国，但其占本国服务贸易总出口额的比重持续下降，从 2005 年的 37.33% 下降至 2020 年的 6.08%。相反，另一旅游服务贸易出口大国泰国 2005—2015 年的旅游服

务贸易出口额占本国服务贸易总出口额的比重却持续上升，从
2005 年的 48.06％上升至 2015 年的 71.01％，但 2020 年受新
冠肺炎疫情影响，其旅游出口受阻，旅游服务贸易出口额所占
比重下降至 44.78％。另外，在 2020 年旅游服务贸易出口前
十的国家中，中国、印度和新加坡的旅游服务贸易出口额所占
比重低于 10％。

表 7-9　2005—2020 年中国与"一带一路"沿线国家的旅游服务贸易出口额排名

单位：百万美元

排名	2005 年			2010 年		
	国家	出口额	占比	国家	出口额	占比
1	中国	29296	37.33％	中国	45814	25.69％
2	土耳其	19191	68.98％	土耳其	22585	61.96％
3	希腊	13260	39.16％	泰国	20104	58.54％
4	泰国	9576	48.06％	马来西亚	18152	52.35％
5	马来西亚	8846	44.79％	印度	14490	12.38％
6	印度	7493	14.36％	新加坡	14178	14.12％
7	埃及	6851	46.79％	希腊	12742	34.20％
8	波兰	6305	34.96％	埃及	12528	52.62％
9	新加坡	6209	13.62％	波兰	9457	27.25％
10	克罗地亚	6196	68.20％	俄罗斯	8831	17.96％
排名	2015 年			2020 年		
	国家	出口额	占比	国家	出口额	占比
1	中国	44969	20.57％	阿拉伯联合酋长国	24615	39.61％
2	泰国	41246	71.01％	中国	17067	6.08％
3	土耳其	26616	47.97％	泰国	14198	44.78％

续表

排名	2015 年			2020 年		
	国家	出口额	占比	国家	出口额	占比
4	印度	21013	13.45%	印度	13036	6.41%
5	马来西亚	17666	50.57%	土耳其	10220	29.30%
6	阿拉伯联合酋长国	17481	28.76%	波兰	7761	11.58%
7	新加坡	16617	10.85%	克罗地亚	5238	53.93%
8	希腊	15673	44.63%	新加坡	5189	2.77%
9	印度尼西亚	10761	48.43%	希腊	4932	19.01%
10	波兰	10274	23.29%	埃及	4398	29.21%

数据来源：UNCTAD 数据库。

注：表中比重为该国该部门服务贸易出口额占该国当年服务贸易总出口额的比重。

中国与"一带一路"沿线国家其他服务贸易的出口额排名情况，如表 7-10 所示。例如，印度其他服务贸易出口额占本国服务贸易总出口额的比重一直较高，甚至在 2020 年比重高达83.15%，其中印度其他服务贸易出口额比重最大的分部门是电信、计算机及信息技术服务贸易部门。其他服务贸易出口额排名前二的中国，出口额比重不断上升，从 2005 年的 26.04% 及2010 年的 40.99%，上升到 2015 年的 50.78% 和 2020 年的64.44%。比重上升的原因主要是电信、计算机及信息技术服务贸易部门和其他商务服务贸易部门的出口额在 2005—2020 年均翻倍增加。此外，在保险服务贸易部门、金融服务贸易部门、专利及知识产权服务贸易部门，所有"一带一路"沿线国家的出

口额均较少。值得注意的是，新加坡的金融服务贸易出口额在
2005—2020年一直位居榜首，出口增长也较为明显。

表7-10　2005—2020年中国与"一带一路"沿线国家的其他服务贸易出口额排名

单位：百万美元

排名	2005年			2010年		
	国家	出口额	占比	国家	出口额	占比
1	印度	38149	73.11%	印度	89303	76.28%
2	中国	20435	26.04%	中国	73102	40.99%
3	新加坡	16836	36.92%	新加坡	41068	40.91%
4	俄罗斯	11533	39.98%	俄罗斯	21309	43.35%
5	以色列	10474	60.38%	以色列	15948	62.85%
6	马来西亚	6674	33.79%	波兰	14461	41.66%
7	泰国	5723	28.72%	菲律宾	13684	76.95%
8	印度尼西亚	5563	42.80%	马来西亚	8856	25.54%
9	菲律宾	5346	62.09%	匈牙利	8616	44.39%
10	匈牙利	5193	39.56%	泰国	8322	24.24%
排名	2015年			2020年		
	国家	出口额	占比	国家	出口额	占比
1	印度	120622	77.18%	中国	180850	64.44%
2	中国	111030	50.78%	印度	169014	83.15%
3	新加坡	82933	54.13%	新加坡	123704	65.95%
4	以色列	26551	70.91%	以色列	44374	84.41%
5	俄罗斯	23937	46.38%	波兰	33476	49.96%
6	菲律宾	21782	74.94%	俄罗斯	26152	55.11%
7	阿拉伯联合酋长国	19877	32.71%	菲律宾	23611	75.17%

续表

排名	2015 年			2020 年		
	国家	出口额	占比	国家	出口额	占比
8	波兰	17858	40.49%	阿拉伯联合酋长国	20967	33.74%
9	泰国	11093	19.10%	罗马尼亚	14738	54.41%
10	马来西亚	10540	30.17%	泰国	14129	44.57%

数据来源：UNCTAD 数据库。

注：表中比重为该国该部门服务贸易出口额占该国当年服务贸易总出口额的比重。

此外，大部分排名前十的国家在其他服务贸易的出口额比重都在增加，即出口额向其他服务贸易集中，呈现出在其他服务贸易"部门集中化"的倾向。

表 7-11 统计了 2005 年、2010 年、2015 年和 2020 年，中国与"一带一路"沿线国家的服务贸易总进口及其排名。从服务贸易进口额看，中国、新加坡、印度三国服务贸易一直保持较大的进口额。2005—2020 年，中国服务贸易进口额增长近 4 倍，新加坡增长 2 倍多，印度增长近 2 倍。2020 年，希腊跌出服务贸易进口额排名前十的榜单，卡塔尔进入进口额排名前十的榜单。

表 7-11　2005—2020 年中国与"一带一路"沿线国家的服务贸易进口额排名

单位：百万美元

排名	年份及进口额							
	2005 年		2010 年		2015 年		2020 年	
1	中国	83971	中国	193401	中国	435541	中国	381088

续表

排名	年份及进口额						
	2005 年		2010 年		2015 年		2020 年	

排名	2005 年		2010 年		2015 年		2020 年	
2	印度	60636	印度	114928	新加坡	161693	新加坡	172689
3	新加坡	55052	新加坡	100518	印度	123567	印度	153925
4	俄罗斯	40471	沙特阿拉伯	76772	俄罗斯	88768	俄罗斯	64634
5	沙特阿拉伯	33095	俄罗斯	75279	沙特阿拉伯	88036	阿拉伯联合酋长国	59523
6	泰国	26798	阿拉伯联合酋长国	42100	阿拉伯联合酋长国	81879	沙特阿拉伯	53883
7	印度尼西亚	22197	泰国	41333	泰国	42518	泰国	46858
8	马来西亚	21956	马来西亚	32645	马来西亚	40169	波兰	40202
9	阿拉伯联合酋长国	19367	波兰	29746	波兰	32048	卡塔尔	34698
10	希腊	16222	印度尼西亚	26461	印度尼西亚	30918	马来西亚	33283

数据来源：UNCTAD 数据库。

在与货物相关的服务贸易进口中，2005—2020 年排名前十的国家与货物相关的服务贸易进口额占本国服务贸易总进口额的比重较低，绝大多数国家比重低于 5%，如表 7-12 所示。2005 年和 2010 年，中国与货物相关的服务贸易进口额排名未进前十，但 2015 年，中国与货物相关的服务贸易进口额排名升至第四，2020 年排名升至第二。

表 7-12 2005—2020 年中国与"一带一路"沿线国家的
与货物相关的服务贸易进口额排名

单位:百万美元

排名	2005 年			2010 年		
	国家	进口额	占比	国家	进口额	占比
1	俄罗斯	973	2.40%	新加坡	3942	3.92%
2	新加坡	874	1.59%	俄罗斯	932	1.24%
3	匈牙利	212	1.80%	捷克	486	2.73%
4	克罗地亚	191	5.28%	匈牙利	348	2.19%
5	孟加拉国	158	6.68%	波兰	343	1.15%
6	印度尼西亚	148	0.67%	斯洛伐克	324	4.46%
7	波兰	118	0.79%	印度尼西亚	224	0.85%
8	捷克	108	1.00%	希腊	204	1.01%
9	巴基斯坦	90	1.19%	马来西亚	174	0.53%
10	哈萨克斯坦	40	0.53%	罗马尼亚	158	1.88%
排名	2015 年			2020 年		
	国家	进口额	占比	国家	进口额	占比
1	新加坡	6743	4.17%	新加坡	5594	3.24%
2	土耳其	2757	10.81%	中国	3859	1.01%
3	俄罗斯	1493	1.68%	俄罗斯	1912	2.96%
4	中国	1480	0.34%	波兰	1453	3.61%
5	波兰	1182	3.69%	印度	963	0.63%
6	捷克	1151	5.83%	捷克	850	3.94%
7	印度尼西亚	624	2.02%	土耳其	751	2.92%
8	匈牙利	604	3.54%	匈牙利	697	3.91%
9	罗马尼亚	546	4.75%	马来西亚	569	1.71%
10	马来西亚	434	1.08%	哈萨克斯坦	533	6.58%

数据来源:UNCTAD 数据库。

注:表中比重为该国该部门服务贸易进口额占该国当年服务贸易总进口额的比重。

在交通服务贸易进口方面，中国、印度和新加坡的交通服务贸易进口额在 2005 年、2010 年、2015 年和 2020 年均位于前三，如表 7-13 所示。在 2005 年排名前十的国家中，印度、泰国、阿拉伯联合酋长国和希腊四国的交通服务贸易进口额占本国服务贸易总进口额的比重超过 50％，2010 年只有阿拉伯联合酋长国和希腊的比重超过 50％，2015 年和 2020 年只有希腊的比重超过 50％。这说明虽然排名前十国家的交通服务贸易进口额都有增加，但大多数国家的交通服务贸易进口额比重都有所下降。

表 7-13　2005—2020 年中国与"一带一路"沿线国家的交通服务贸易进口额排名

单位：百万美元

排名	2005 年			2010 年		
	国家	进口额	占比	国家	进口额	占比
1	印度	33009	54.44％	中国	63257	32.71％
2	中国	28454	33.89％	印度	46705	40.64％
3	新加坡	20206	36.70％	新加坡	29558	29.41％
4	泰国	14439	53.88％	阿拉伯联合酋长国	25780	61.23％
5	阿拉伯联合酋长国	11012	56.86％	泰国	18858	45.62％
6	希腊	8477	52.26％	沙特阿拉伯	12724	16.57％
7	马来西亚	8396	38.24％	俄罗斯	11901	15.81％
8	印度尼西亚	7451	33.57％	希腊	10847	53.88％
9	土耳其	5146	43.06％	马来西亚	10228	31.33％
10	俄罗斯	5032	12.43％	印度尼西亚	8673	32.78％

续表

排名	2015 年			2020 年		
	国家	进口额	占比	国家	进口额	占比
1	中国	85340	19.59%	中国	94680	24.84%
2	印度	52257	42.29%	印度	53809	34.96%
3	新加坡	47724	29.51%	新加坡	52610	30.47%
4	沙特阿拉伯	20097	22.83%	泰国	18388	39.24%
5	泰国	15662	36.84%	卡塔尔	15562	44.85%
6	阿拉伯联合酋长国	13751	16.79%	沙特阿拉伯	14874	27.60%
7	俄罗斯	12074	13.60%	俄罗斯	11478	17.76%
8	卡塔尔	11460	37.24%	希腊	11276	63.97%
9	马来西亚	10499	26.14%	马来西亚	9762	29.33%
10	希腊	10401	62.21%	波兰	8828	21.96%

数据来源：UNCTAD 数据库。

注：表中比重为该国该部门服务贸易进口额占该国当年服务贸易总进口额的比重。

关于旅游服务贸易进口，2005 年、2010 年和 2015 年，中国、俄罗斯、新加坡和沙特阿拉伯的旅游服务贸易进口额较大，且 2015 年中国的旅游服务贸易进口额相对于 2005 年扩大了10 倍多，占自身服务贸易总进口额的比重也由 2005 年的 25.91% 上升至 2015 年的 57.36%，如表 7-14 所示。从旅游服务贸易进口额所占比重看，除中国外，印度在 2005—2015 年从 10.20% 上升至 12.01%，伊朗从 34.35% 上升至 56.66%。另外，2020 年受新冠肺炎疫情的影响，中国旅游服务贸易进口额所占比重有所降低，为 34.44%，但仍高于 2005 年和 2010 年。

其他国家旅游服务贸易进口额所占比重下降，如俄罗斯从2005 年的 41.94% 下降至 2020 年的 14.14%。

表 7-14 2005—2020 年中国与"一带一路"沿线国家的
旅游服务贸易进口额排名

单位：百万美元

排名	2005 年			2010 年		
	国家	进口额	占比	国家	进口额	占比
1	中国	21759	25.91%	中国	54880	28.38%
2	俄罗斯	16972	41.94%	俄罗斯	26693	35.46%
3	新加坡	10070	18.29%	沙特阿拉伯	21135	27.53%
4	沙特阿拉伯	9080	27.44%	新加坡	18700	18.60%
5	印度	6187	10.20%	阿拉伯联合酋长国	11818	28.07%
6	阿拉伯联合酋长国	6186	31.94%	印度	10490	9.13%
7	波兰	5547	37.11%	伊朗	9656	51.11%
8	科威特	4532	52.00%	波兰	8412	28.28%
9	泰国	3803	14.19%	马来西亚	8324	25.50%
10	伊朗	3724	34.35%	科威特	6434	40.76%
排名	2015 年			2020 年		
	国家	进口额	占比	国家	进口额	占比
1	中国	249831	57.36%	中国	131228	34.44%
2	俄罗斯	34932	39.35%	阿拉伯联合酋长国	15085	25.34%
3	新加坡	23657	14.63%	印度	12571	8.17%
4	沙特阿拉伯	19346	21.97%	俄罗斯	9140	14.14%
5	阿拉伯联合酋长国	16637	20.32%	沙特阿拉伯	8533	15.84%
6	印度	14838	12.01%	科威特	7379	38.85%
7	科威特	12381	52.03%	新加坡	6828	3.95%

续表

排名	2015 年			2020 年		
	国家	进口额	占比	国家	进口额	占比
8	菲律宾	11343	48.04%	卡塔尔	6742	19.43%
9	马来西亚	10708	26.66%	波兰	5190	12.91%
10	伊朗	8992	56.66%	马来西亚	4830	14.51%

数据来源：UNCTAD 数据库。

注：表中比重为该国该部门服务贸易进口额占该国当年服务贸易总进口额的比重。

就其他服务贸易而言，绝大多数国家的其他服务贸易进口和出口一样，呈现出"部门集中化"的倾向，如表 7-15 所示，新加坡其他服务贸易进口额占本国服务贸易总进口额的比重从 2005 年的 43.42%上升到 2010 年的 48.07%，上升到 2015 年的 51.68%，再上升到 2020 年的 62.34%。中国比较特殊，其他服务贸易进口额占本国服务贸易总进口额的比重在 2015 年前呈下降态势，从 2005 年的 40.20%、2010 年的 38.87%，下降到 2015 年的 22.71%，却在 2020 年上升到 39.71%。

表 7-15　2005—2020 年中国与"一带一路"沿线国家的
其他服务贸易进口额排名

单位：百万美元

排名	2005 年			2010 年		
	国家	进口额	占比	国家	进口额	占比
1	中国	33754	40.20%	中国	75184	38.87%
2	新加坡	23901	43.42%	印度	57733	50.23%
3	印度	21440	35.36%	新加坡	48318	48.07%
4	沙特阿拉伯	19227	58.10%	沙特阿拉伯	42914	55.90%

续表

排名	2005 年			2010 年		
	国家	进口额	占比	国家	进口额	占比
5	俄罗斯	17494	43.23%	俄罗斯	35753	47.49%
6	印度尼西亚	11014	49.62%	泰国	16848	40.76%
7	马来西亚	9849	44.86%	波兰	16028	53.88%
8	泰国	8556	31.93%	马来西亚	13919	42.64%
9	匈牙利	7008	59.58%	印度尼西亚	11169	42.21%
10	波兰	6770	45.30%	匈牙利	9869	62.05%

排名	2015 年			2020 年		
	国家	进口额	占比	国家	进口额	占比
1	中国	98891	22.71%	中国	151321	39.71%
2	新加坡	83569	51.68%	新加坡	107658	62.34%
3	印度	56136	45.43%	印度	86583	56.25%
4	阿拉伯联合酋长国	51491	62.89%	俄罗斯	42104	65.14%
5	沙特阿拉伯	48594	55.20%	阿拉伯联合酋长国	36133	60.70%
6	俄罗斯	40270	45.37%	沙特阿拉伯	30476	56.56%
7	泰国	19138	45.01%	泰国	25604	54.64%
8	马来西亚	18528	46.13%	波兰	24731	61.52%
9	波兰	17330	54.07%	马来西亚	18122	54.45%
10	印度尼西亚	13400	43.34%	以色列	17364	68.54%

数据来源：UNCTAD 数据库。

注：表中比重为该国该部门服务贸易进口额占该国当年服务贸易总进口额的比重。

总之，2005 年、2010 年、2015 年和 2020 年，从各分部门进口额占服务贸易总进口额的比重来看，大多数国家的交通和旅游服务贸易进口额占服务贸易总进口额的比重呈下降态势，而其他服务贸易进口额占服务贸易总进口额的比重大多呈增长态势。

二、中国与"一带一路"沿线国家服务贸易的比较优势等级及其分布

在现有的研究文献中，测度比较优势较为常用的是显性比较优势指数，即 RCA 指数，其测度一个国家某特定部门的出口在该国总出口中的比重，再与该部门的出口占世界出口的比重进行比较，计算公式为：

$$RCA_{i,t}^{C} = \frac{X_{i,t}^{C} / \sum X_{t}^{C}}{X_{i,t}^{W} / \sum X_{t}^{W}}$$

在上述公式中，C 为一个国家；W 代表整个世界；i 代表一个特定的服务贸易部门，在本文中包括与货物相关的服务贸易部门、交通服务贸易部门、旅游服务贸易部门以及其他服务贸易部门；t 是所研究的一个特定的时间段。由上述公式可知，RCA 指数的取值范围在 $[0, +\infty)$。当 RCA 指数大于等于 1 时，说明一国在某服务贸易部门具有比较优势；反之，当 RCA 指数小于 1 时，说明该国该服务贸易部门具有比较劣势。

但是，RCA 指数也存在一定缺陷，其值是非对称的，对于具有比较优势的部门，其变动范围为 $[1, +\infty)$，而对于具有比较

劣势的部门，其变动范围仅是[0，1)。偏斜的分布违反了回归中误差项标准分布的假设，因此不能得出可靠的 t 统计量。[①] 针对 RCA 指数的非对称性，一些学者使用了一些改进的方法。[②] 还有一些学者提供了对原始的 RCA 指数进行标准化的方法。[③] 本文使用对称显性比较优势指数，即 RSCA 指数来解决这一问题。

$$RSCA = \frac{RCA - 1}{RCA + 1}$$

与 RCA 指数相比，RSCA 指数的分布范围为[−1，1)，其中[0，1)范围表示某国的服务贸易部门具有比较优势；而[−1，0)范围则表示该国的服务贸易部门具有比较劣势。这一指数弥补了 RCA 指数非对称性的缺陷。

在此基础上，本文以"一带一路"沿线国家服务贸易进出口数据测算"一带一路"沿线各国各服务贸易部门的比较优势并估计其在"一带一路"倡议中可能的贸易分工与定位。本文还将进一步分析 2005—2020 年"一带一路"沿线各国各服务贸易部门比

---

① Luca De Benedictis & Massimo Tamberi，"Overall Specialization Empirics：Techniques and Applications,"*Open Economies Review*，2004(4)，pp. 323-346.

② James Proudman & Stephen Redding，"Evolving Patterns of International Trade,"*Review of International Economics*，2000(3)，pp. 373-396；Keld Laursen，"Revealed Comparative Advantage and the Alternatives as Measures of International Specialization,"*Eurasian Business Review*，2015(1)，pp. 99-115.

③ Bent Dalum，Keld Laursen & Gert Villumsen，"Structural Change in OECD Export Specialisation Patterns：De-Specialisation and 'Stickiness',"*International Review of Applied Economics*，1998(3)，pp. 423-443.

较优势指数的分布变化与累积性变动，揭示其动态演进特征。

(一)"一带一路"沿线国家的服务贸易比较优势及其等级分布

对中国及"一带一路"沿线国家的 RCA 指数进行测度，并依据日本贸易振兴协会设定的标准对其进行划分：若 RCA 指数大于 2.5，则一国在某服务贸易部门具有很强的比较优势；若 RCA 指数大于 1.25 小于 2.5，则该国该服务贸易部门具有较强的比较优势；若 RCA 指数大于 0.8 小于 1.25，则该国该服务贸易部门具有一般的比较优势；若 RCA 指数小于 0.8，则该国该服务贸易部门具有比较劣势。从表 7-16 可以看出，在 2005 年，中国与"一带一路"沿线国家中有 3 个国家具有很强的比较优势；43 个国家具有较强的比较优势；18 个国家具有一般的比较优势；没有国家具有比较劣势。而到了 2013 年，这一数字分别变为 6、37、21、0，具有较强的比较优势的国家减少了，而具有很强的比较优势和一般的比较优势的国家增加了。到了 2020 年，这一数字分别变为 15、28、21、0，具有较强的比较优势的国家进一步减少了，而具有很强的比较优势的国家进一步增加了。可见，2005—2020 年，中国与"一带一路"沿线国家服务贸易的整体比较优势有逐渐增强的趋势，具有较强的比较优势的经济体有向很强的比较优势转变的特征。

表 7-16 中国与"一带一路"沿线国家服务贸易比较优势程度分布

比较优势程度	2005 年	2013 年	2020 年
很强	罗马尼亚、马尔代夫、北马其顿(3)	缅甸、塔吉克斯坦、马尔代夫、北马其顿、波斯尼亚和黑塞哥维那、文莱(6)	越南、老挝、马尔代夫、不丹、塔吉克斯坦、约旦、柬埔寨、阿尔巴尼亚、克罗地亚、缅甸、哈萨克斯坦、立陶宛、希腊、阿塞拜疆、乌兹别克斯坦(15)
较强	柬埔寨、白俄罗斯、阿尔巴尼亚、土耳其、伊拉克、阿拉伯联合酋长国、老挝、克罗地亚、孟加拉国、叙利亚、希腊、蒙古、立陶宛、乌克兰、中国、卡塔尔、文莱、约旦、哈萨克斯坦、拉脱维亚、保加利亚、科威特、越南、格鲁吉亚、塔吉克斯坦、埃及、黎巴嫩、亚美尼亚、摩尔多瓦、缅甸、伊朗、波斯尼亚和黑塞哥维那、阿曼、爱沙尼亚、斯里兰卡、新加坡、波兰、泰国、也门、巴基斯坦、阿富汗、乌兹别克斯坦、黑山(43)	叙利亚、柬埔寨、老挝、克罗地亚、不丹、阿拉伯联合酋长国、越南、立陶宛、泰国、阿尔巴尼亚、黑山、乌兹别克斯坦、约旦、沙特阿拉伯、格鲁吉亚、罗马尼亚、埃及、卡塔尔、希腊、哈萨克斯坦、伊拉克、土耳其、白俄罗斯、阿塞拜疆、亚美尼亚、摩尔多瓦、阿曼、也门、马来西亚、乌克兰、斯里兰卡、保加利亚、伊朗、拉脱维亚、吉尔吉斯斯坦、孟加拉国、科威特(37)	叙利亚、伊朗、阿曼、黎巴嫩、巴林、卡塔尔、格鲁吉亚、蒙古、波斯尼亚和黑塞哥维那、埃及、泰国、沙特阿拉伯、阿拉伯联合酋长国、吉尔吉斯斯坦、土耳其、摩尔多瓦、北马其顿、斯里兰卡、黑山、白俄罗斯、文莱、马来西亚、乌克兰、菲律宾、罗马尼亚、亚美尼亚、斯洛文尼亚、斯洛伐克(28)
一般	不丹、塞尔维亚、斯洛伐克、斯洛文尼亚、捷克、印度、阿塞拜疆、马来西亚、匈牙利、尼泊尔、俄罗斯、塞浦路斯、沙特阿拉伯、菲律宾、以色列、印度尼西	尼泊尔、巴基斯坦、印度、黎巴嫩、中国、波兰、爱沙尼亚、斯洛文尼亚、巴林、菲律宾、新加坡、蒙古、匈牙利、斯洛伐克、印度尼西亚、阿富汗、以色列、塞浦	也门、伊拉克、俄罗斯、尼泊尔、孟加拉国、波兰、捷克、匈牙利、塞尔维亚、拉脱维亚、新加坡、印度尼西亚、保加利亚、爱沙尼亚、印度、以

比较优势程度	2005 年	2013 年	2020 年
一般	亚、吉尔吉斯斯坦、巴林(18)	路斯、俄罗斯、捷克、塞尔维亚(21)	色列、塞浦路斯、科威特、中国、巴基斯坦、阿富汗(21)
劣势	0	0	0

数据来源:UNCTAD 数据库。

(二)中国在"一带一路"沿线国家中的服务贸易比较优势定位及其比较

为了揭示中国在"一带一路"沿线国家中的服务贸易比较优势及其地位,本部分将中国与"一带一路"沿线国家及分部门的比较优势指数进行了比较分析。如图 7-1 所示,纵轴为"一带一路"沿线各国服务贸易 RCA 指数,横轴为各国 RCA 指数从低到高的排序,从中可以定位出中国在"一带一路"沿线国家中服务贸易比较优势的位置。

从图 7-1 可以看出,2005 年,中国整体服务贸易比较优势在"一带一路"沿线国家中处于较高的水平,中国整体服务贸易的显性比较优势排名第 19 位。2013 年和 2020 年,中国整体服务贸易的显性比较优势排名呈下降趋势,2013 年排名第 48 位,2020 年排名第 61 位(倒数第 6 位)。这表明,尽管中国经济发展水平与产业结构在"一带一路"沿线国家中居于前列,但是其整体服务贸易比较优势在"一带一路"沿线国家中居于靠后的位置，这与中国服务贸易量及产业发展水平处于显著的不对称状态有关。在总体分析的基础上，本部分再将相关国家不同部门的服务贸易绘制在图 7-2 中，以定位中国的服务贸易地位与排名。

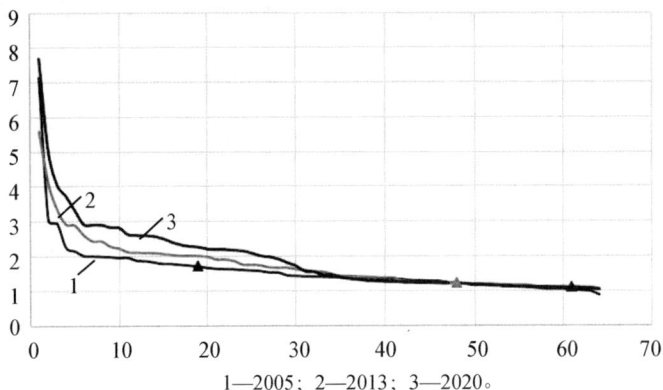

1—2005；2—2013；3—2020。

图 7-1 中国在"一带一路"沿线国家中的服务贸易比较优势定位及变动
（数据来源：UNCTAD 数据库）

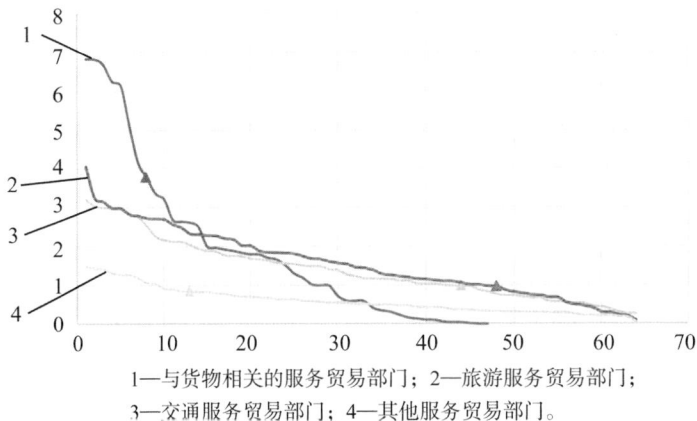

1—与货物相关的服务贸易部门；2—旅游服务贸易部门；
3—交通服务贸易部门；4—其他服务贸易部门。

图 7-2 中国在"一带一路"沿线国家中各服务贸易部门的比较优势定位
（数据来源：UNCTAD 数据库）

在图 7-2 中，不同曲线位置代表着"一带一路"沿线国家各部门服务贸易比较优势的整体水平。从中可以看出，就"一带一路"沿线国家整体而言，比较优势水平相对较高的有交通服务贸易部门、旅游服务贸易部门和与货物相关的服务贸易部门，而曲线位置最低的是其他服务贸易部门。另外，每条曲线中小三角所在的位置就是中国各服务贸易部门排名所在的位置。排名较高的是与货物相关的服务贸易部门和其他服务贸易部门，其中与货物相关的服务贸易部门的比较优势在"一带一路"沿线国家中排名第 8 位，其他服务贸易部门的比较优势在"一带一路"沿线国家中排名第 13 位，而交通服务贸易部门和旅游服务贸易部门的比较优势排名则很低，分别排在第 44 位和第 48 位。

为进一步分析中国与"一带一路"沿线国家各服务贸易部门的比较优势及其动态演进，本部分对中国与"一带一路"沿线国家 2005 年、2013 年和 2020 年服务贸易整体及不同部门的 RSCA 指数、标准差及极差进行了测算，结果如表 7-17 所示。

根据表 7-17 的 RSCA 指数的测度结果可以看出以下三点。第一，"一带一路"沿线国家已经初步形成了服务贸易比较优势与分工的格局。例如，缅甸的与货物相关的服务贸易部门、马尔代夫的旅游服务贸易部门等，RSCA 指数的数值很大，而在其他服务贸易部门，RSCA 指数的数值都很小，主要是由于其

表 7-17 中国与"一带一路"沿线国家的 RSCA 指数分布

服务贸易部门	2005 年 RSCA 指数比较大的 5 个国家		标准差/极差	2013 年 RSCA 指数比较大的 5 个国家		标准差/极差	2020 年 RSCA 指数比较大的 5 个国家		标准差/极差
服务贸易整体	罗马尼亚	0.75	0.14/0.82	缅甸	0.70	0.15/0.67	马尔代夫	0.77	0.19/0.75
	马尔代夫	0.51		塔吉克斯坦	0.61		越南	0.67	
	北马其顿	0.50		马尔代夫	0.54		不丹	0.60	
	柬埔寨	0.39		文莱	0.49		塔吉克斯坦	0.58	
	白俄罗斯	0.37		北马其顿	0.49		约旦	0.54	
与货物相关的服务贸易部门	罗马尼亚	0.87	0.56/1.85	缅甸	0.85	0.57/1.81	缅甸	0.77	0.55/1.76
	北马其顿	0.79		北马其顿	0.79		波斯尼亚和黑塞哥维那	0.67	
	中国	0.67		波斯尼亚和黑塞哥维那	0.75		阿尔巴尼亚	0.66	
	孟加拉国	0.67		塔吉克斯坦	0.72		北马其顿	0.65	
	白俄罗斯	0.60		罗马尼亚	0.71		摩尔多瓦	0.64	

续表

服务贸易部门	2005年		2013年		2020年	
	RSCA指数比较大的5个国家	标准差/极差	RSCA指数比较大的5个国家	标准差/极差	RSCA指数比较大的5个国家	标准差/极差
交通服务贸易部门	白俄罗斯 0.45 卡塔尔 0.43 希腊 0.41 文莱 0.40 立陶宛 0.40	0.27/1.14	塔吉克斯坦 0.59 立陶宛 0.51 乌兹别克斯坦 0.50 埃及 0.46 白俄罗斯 0.45	0.29/1.37	塔吉克斯坦 0.64 哈萨克斯坦 0.60 立陶宛 0.58 阿塞拜疆 0.58 希腊 0.57	0.30/1.17
旅游服务贸易部门	马尔代夫 0.55 柬埔寨 0.49 土耳其 0.45 克罗地亚 0.45 老挝 0.45	0.34/1.47	马尔代夫 0.57 柬埔寨 0.51 老挝 0.51 克罗地亚 0.50 泰国 0.47	0.34/1.54	马尔代夫 0.79 不丹 0.70 约旦 0.68 克罗地亚 0.66 柬埔寨 0.65	0.38/1.43

续表

服务贸易部门	2005 年		2013 年		2020 年	
	RSCA 指数比较大的 5 个国家	标准差/极差	RSCA 指数比较大的 5 个国家	标准差/极差	RSCA 指数比较大的 5 个国家	标准差/极差
其他服务贸易部门	马来西亚 0.20	0.26/1.08	波兰 0.19	0.28/1.09	塞尔维亚 0.11	0.24/1.03
	阿塞拜疆 0.18		斯洛伐克 0.18		斯洛伐克 0.10	
	斯洛伐克 0.14		波斯尼亚和黑塞哥维那 0.17		波斯尼亚和黑塞哥维那 0.09	
	格鲁吉亚 0.12		希腊 0.17		缅甸 0.08	
	伊朗 0.11		土耳其 0.16		也门 0.07	

数据来源：UNCTAD 数据库。

他服务贸易部门中包含太多部门。在具体的其他服务贸易部门中,我们发现印度的电信、计算机及信息技术服务贸易部门,新加坡的金融服务贸易部门等,RSCA 指数的数值很大,而在一些知识密集型服务贸易部门,如专利及知识产权服务贸易部门,"一带一路"沿线国家的 RSCA 指数的数值很小,显示出区域整体的比较劣势。第二,"一带一路"沿线国家在服务贸易比较优势与专业化分工上显示出很强的部门差异性。与货物相关的服务贸易部门、旅游服务贸易部门具有很大的标准差与极差,呈现出较强的专业化分工;而交通服务贸易部门、其他服务贸易部门则有较低的标准差和极差。这显示出在"一带一路"沿线国家中,不同的服务贸易部门其专业化分工与比较优势存在显著的差异性。第三,中国在"一带一路"沿线国家服务贸易中,比较优势仍处于较低的状态。尽管中国的服务贸易总量在"一带一路"沿线国家中居第一位,但中国的服务贸易比较优势排名却很低。这可能意味着,一方面中国的服务贸易比较优势处于较低水平;另一方面,由于 RSCA 指数的计算方式,"一带一路"沿线国家中服务贸易小国可能更容易在某些专门的比较优势部门形成专业化分工,而中国作为服务贸易大国,服务贸易的部门比较优势则并不突出。

三、中国与"一带一路"沿线国家服务贸易的互补性分析

如果两国在资源禀赋、经济发展阶段、人才资源储备方面具有较大的差异性，一国具有出口优势的服务贸易部门正好为另一国具有进口需求的服务贸易部门，则两国该部门服务贸易具有互补性。本部分将分别围绕中国出口与"一带一路"沿线国家进口以及中国进口与"一带一路"沿线国家出口两个方面探讨服务贸易的互补性。

学术界普遍采用贸易互补指数（TCI）测量贸易互补性，该指数能够较为准确地把握一国的服务贸易出口产品与另外一国的服务贸易进口需求之间的契合水平，进而折射出两国之间的服务贸易发展前景。贸易互补指数计算以显性比较优势指数为基础，其计算公式如下所示：

$$TCI_{ij}^k = RCA_{xi}^k \times RCA_{mj}^k$$

$$其中，RCA_{xi}^k = \frac{X_i^k / \sum X_i}{X_w^k / \sum X_w} \quad RCA_{mj}^k = \frac{X_j^k / \sum X_j}{X_w^k / \sum X_w}$$

上式中 TCI_{ij}^k 表示 i 国与 j 国在 k 服务贸易部门上的贸易互补指数。RCA_{xi}^k 表示用出口衡量的 i 国在 k 服务贸易部门上的

比较优势，其中 $X_i^k/\sum X_i$ 表示 i 国 k 服务贸易部门出口额占 i 国所有服务贸易部门出口额的比重，$X_w^k/\sum X_w$ 表示全球 k 服务贸易部门出口额占全球所有服务贸易部门出口额的比重。RCA_{xi}^k 大说明 i 国在 k 服务贸易部门处于比较优势。RCA_{mj}^k 表示用进口衡量的 j 国在 k 服务贸易部门的比较劣势，其中 $X_j^k/\sum X_j$ 表示 j 国 k 服务贸易部门进口额占 j 国所有服务贸易部门进口额的比重，$X_w^k/\sum X_w$ 表示全球 k 服务贸易部门进口额占全球所有服务贸易部门进口额的比重。RCA_{mj}^k 大说明 j 国在 k 服务贸易部门上具有比较劣势。如果 RCA_{xi}^k 和 RCA_{mj}^k 都比较大，则 TCI 比较大，这说明 i 国在 k 服务贸易部门的比较优势明显，j 国在 k 服务贸易部门的比较劣势明显，则国家 i 和 j 在 k 服务贸易部门有互补性。TCI 越大，说明两国该服务贸易部门的互补程度越大；反之，说明两国该服务贸易部门的互补程度越小。一般认为，TCI＞1 表明两国在该服务贸易部门上的互补性较大，存在潜在的贸易合作利益和明显的贸易机遇；TCI＜0.5 表明两国在该服务贸易部门上的互补性较小。

(一)中国出口与"一带一路"沿线国家进口的服务贸易互补性分析

表 7-18 为基于中国出口与不同区域"一带一路"沿线国家进口所计算的 2005—2020 年不同部门服务贸易互补指数均值。从

表 7-18 可以看出,中国与东亚地区"一带一路"沿线国家在与货物相关的服务贸易部门、交通服务贸易部门、旅游服务贸易部门的贸易互补指数超过 1,说明中国与东亚地区"一带一路"沿线国家存在潜在的贸易合作利益和贸易机遇。同理,中国与东盟地区"一带一路"沿线国家在与货物相关的服务贸易部门、交通服务贸易部门,与西亚地区"一带一路"沿线国家在交通服务贸易部门、旅游服务贸易部门,与南亚地区"一带一路"沿线国家在交通服务贸易部门,与中亚地区"一带一路"沿线国家在与货物相关的服务贸易部门、交通服务贸易部门,与独联体"一带一路"沿线国家在与货物相关的服务贸易部门、旅游服务贸易部门,与中东欧"一带一路"沿线国家在与货物相关的服务贸易部门存在潜在的贸易合作利益和贸易机遇。

表 7-18 中国出口与不同区域"一带一路"沿线国家进口的各部门
服务贸易互补指数

地区	TCI			
	与货物相关的服务贸易	交通服务贸易	旅游服务贸易	其他服务贸易
东亚	1.50	1.24	1.32	0.66
东盟	2.68	1.37	0.79	0.75
西亚	0.66	1.28	1.08	0.68
南亚	0.44	1.85	0.47	0.72
中亚	1.93	1.09	0.80	0.81

续表

地区	TCI			
	与货物相关的 服务贸易	交通服务贸易	旅游服务贸易	其他服务贸易
独联体	2.41	0.74	1.44	0.75
中东欧	4.03	0.95	0.98	0.81

数据来源：UNCTAD 数据库。

表 7-19 为基于中国出口与"一带一路"沿线国家进口所计算的与货物相关的服务贸易互补指数。2005—2020 年中国与"一带一路"沿线国家贸易互补指数前十位国家的数值均超过了1。2015 年，除了白俄罗斯外，贸易互补指数前十位的国家的数值均超过 4。2020 年，受新冠肺炎疫情的影响，与货物相关的服务贸易受阻，导致排名前十的国家的贸易互补指数均有不同程度的下降。而从均值来看，中国与排名前五的国家的贸易互补指数均超过 6，这说明在与货物相关的服务贸易领域，中国出口和"一带一路"沿线国家进口有很大合作机会。特别是从均值来看，合作机会着重体现在中东欧国家。

表 7-19　2005—2020 年中国出口与"一带一路"沿线国家进口的
与货物相关的服务贸易互补指数前十位的国家

排名	2005 年		2010 年	
	国家	TCI	国家	TCI
1	孟加拉国	13.58	斯洛伐克	9.02
2	克罗地亚	10.74	保加利亚	8.72
3	白俄罗斯	6.38	新加坡	7.93

续表

排名	2005 年		2010 年	
	国家	TCI	国家	TCI
4	俄罗斯	4.89	黑山	7.43
5	匈牙利	3.66	克罗地亚	6.03
6	新加坡	3.23	捷克	5.52
7	摩尔多瓦	2.86	白俄罗斯	4.85
8	爱沙尼亚	2.65	塞尔维亚	4.61
9	巴基斯坦	2.41	匈牙利	4.43
10	捷克	2.04	斯洛文尼亚	4.41

排名	2015 年		2020 年	
	国家	TCI	国家	TCI
1	土耳其	14.33	文莱	7.21
2	文莱	7.81	哈萨克斯坦	4.75
3	捷克	7.72	孟加拉国	3.95
4	缅甸	7.68	捷克	2.84
5	罗马尼亚	6.30	匈牙利	2.82
6	新加坡	5.53	斯洛伐克	2.79
7	波兰	4.89	缅甸	2.76
8	匈牙利	4.69	波兰	2.61
9	斯洛伐克	4.37	新加坡	2.34
10	白俄罗斯	3.85	立陶宛	2.16

排名	2005—2020 年	
	国家	TCI
1	保加利亚	12.17
2	缅甸	9.98
3	文莱	7.01
4	克罗地亚	6.50

排名	2005—2020 年	
	国家	TCI
5	土耳其	6.37
6	斯洛伐克	5.30
7	新加坡	4.82
8	捷克	4.77
9	匈牙利	4.51
10	孟加拉国	4.14

数据来源：UNCTAD 数据库。

从交通服务贸易部门来看，2005—2020 年中国与"一带一路"沿线国家贸易互补指数前十位国家的数值均大于1，且其数值在 2005—2020 年不断上升，如表 7-20 所示。例如，中国与塔吉克斯坦的贸易互补指数，从 2005 年的 2.46、2010 年的 3.06，增长到 2015 年的 3.45 和 2020 年的 4.86。就均值而言，中国与"一带一路"沿线国家贸易互补指数前十位国家的均值均大于 2。这说明在交通服务贸易部门，中国出口与"一带一路"沿线国家进口存在较大的合作前景。

表 7-20　2005—2020 年中国出口与"一带一路"沿线国家进口的交通服务贸易互补指数前十位的国家

排名	2005 年		2010 年	
	国家	TCI	国家	TCI
1	塔吉克斯坦	2.46	塔吉克斯坦	3.06
2	斯里兰卡	2.38	孟加拉国	2.81

续表

排名	2005 年		2010 年	
	国家	TCI	国家	TCI
3	孟加拉国	2.27	斯里兰卡	2.58
4	叙利亚	2.06	阿富汗	2.41
5	阿拉伯联合酋长国	1.97	越南	2.39
6	柬埔寨	1.95	卡塔尔	2.35
7	印度	1.89	阿拉伯联合酋长国	2.19
8	泰国	1.87	柬埔寨	2.13
9	约旦	1.83	缅甸	2.04
10	希腊	1.81	乌兹别克斯坦	1.95

排名	2015 年		2020 年	
	国家	TCI	国家	TCI
1	塔吉克斯坦	3.45	塔吉克斯坦	4.86
2	孟加拉国	3.38	阿富汗	4.86
3	阿富汗	3.32	斯里兰卡	3.88
4	希腊	2.81	柬埔寨	3.72
5	缅甸	2.64	希腊	3.71
6	也门	2.64	约旦	3.66
7	格鲁吉亚	2.57	孟加拉国	3.53
8	约旦	2.49	吉尔吉斯斯坦	3.36
9	斯里兰卡	2.48	格鲁吉亚	3.22
10	立陶宛	2.43	立陶宛	3.17

排名	2005—2020 年	
	国家	TCI
1	阿富汗	2.97
2	孟加拉国	2.87
3	塔吉克斯坦	2.83
4	斯里兰卡	2.58

续表

排名	2005—2020 年	
	国家	TCI
5	希腊	2.32
6	约旦	2.25
7	柬埔寨	2.24
8	格鲁吉亚	2.21
9	缅甸	2.16
10	越南	2.15

数据来源：UNCTAD 数据库。

从旅游服务贸易部门来看，尽管 2005—2020 年中国与"一带一路"沿线国家的贸易互补指数呈逐渐下降的态势，如表 7-21 所示，中国与科威特的贸易互补指数从 2005 年的 3.00 下降到 2010 年的 1.91，再下降到 2015 年的 1.84，2020 年再次下降到 1.81，但中国与前十位国家的贸易互补指数都大于 1，这说明中国出口与"一带一路"沿线国家进口存在较多贸易合作机会。

表 7-21　2005—2020 年中国出口与"一带一路"沿线国家进口的旅游服务贸易互补指数前十位的国家

排名	2005 年		2010 年	
	国家	TCI	国家	TCI
1	阿尔巴尼亚	3.28	老挝	3.62
2	科威特	3.00	阿尔巴尼亚	3.19
3	菲律宾	2.69	伊朗	2.40
4	卡塔尔	2.45	尼泊尔	2.17

续表

排名	2005 年		2010 年	
	国家	TCI	国家	TCI
5	俄罗斯	2.42	菲律宾	2.14
6	白俄罗斯	2.26	亚美尼亚	2.13
7	保加利亚	2.22	马尔代夫	2.13
8	尼泊尔	2.17	叙利亚	2.01
9	波兰	2.14	科威特	1.91
10	乌克兰	2.14	乌兹别克斯坦	1.83

排名	2015 年		2020 年	
	国家	TCI	国家	TCI
1	老挝	3.27	阿尔巴尼亚	2.65
2	阿尔巴尼亚	2.62	乌克兰	1.98
3	亚美尼亚	2.18	科威特	1.81
4	伊朗	2.00	亚美尼亚	1.48
5	科威特	1.84	摩尔多瓦	1.45
6	乌兹别克斯坦	1.82	伊拉克	1.41
7	菲律宾	1.70	蒙古	1.22
8	乌克兰	1.59	阿拉伯联合酋长国	1.18
9	伊拉克	1.57	乌兹别克斯坦	1.18
10	尼泊尔	1.55	菲律宾	1.16

排名	2005—2020 年	
	国家	TCI
1	阿尔巴尼亚	2.85
2	老挝	2.54
3	伊朗	2.10
4	亚美尼亚	2.00
5	科威特	1.96
6	菲律宾	1.80

续表

排名	2005—2020 年	
	国家	TCI
7	尼泊尔	1.77
8	乌克兰	1.56
9	乌兹别克斯坦	1.54
10	俄罗斯	1.48

数据来源：UNCTAD 数据库。

　　从其他服务贸易部门来看，中国与"一带一路"沿线国家贸易互补指数前十位国家的数值，除了在 2020 年稍微下降外，其他年份稳定增长。2005 年，中国与排名前十的"一带一路"沿线国家的贸易互补指数均小于 1，而在 2015 年，除了波兰的贸易互补指数为 0.98 外，其他国家的贸易互补指数均大于等于 1，2020 年受到新冠肺炎疫情的影响，仅有塞浦路斯、以色列和阿塞拜疆的贸易互补指数大于 1，如表 7-22 所示。具体到各分部门，就建筑服务贸易部门而言，中国与"一带一路"沿线国家贸易互补指数前十位国家的数值呈持续上升态势，贸易合作可能性很大。从保险服务贸易部门来看，中国与"一带一路"沿线国家的贸易互补指数在 2005 年处于很低水平，但在 2005—2020 年不断提高，存在更多的贸易合作可能性。就金融服务贸易部门和专利及知识产权服务贸易部门而言，中国与"一带一路"沿线国家的贸易互补指数始终维持在很低水平，且 2005—2020 年变化不大。在电信、计算机及信息技术服务贸易部门，2005—2020 年，中国出口与"一带一路"

沿线国家进口贸易互补性不断增强，中国与中东欧国家在该部门的贸易互补指数最高，这说明中东欧国家是中国电信、计算机及信息技术服务贸易部门贸易合作的重点。就其他商务服务贸易部门而言，中国与"一带一路"沿线国家贸易互补指数水平低且呈下降趋势，现阶段贸易合作前景不好。

表 7-22　2005—2020 年中国出口与"一带一路"沿线国家进口的其他服务贸易互补指数前十位的国家

排名	2005 年		2010 年	
	国家	TCI	国家	TCI
1	阿塞拜疆	0.91	哈萨克斯坦	1.15
2	哈萨克斯坦	0.85	匈牙利	0.99
3	老挝	0.76	罗马尼亚	0.97
4	匈牙利	0.68	克罗地亚	0.96
5	克罗地亚	0.67	阿塞拜疆	0.92
6	沙特阿拉伯	0.67	沙特阿拉伯	0.89
7	捷克	0.64	波兰	0.86
8	缅甸	0.62	黑山	0.84
9	印度尼西亚	0.57	黎巴嫩	0.82
10	埃及	0.56	北马其顿	0.82
排名	2015 年		2020 年	
	国家	TCI	国家	TCI
1	巴林	1.22	塞浦路斯	1.06
2	阿拉伯联合酋长国	1.13	以色列	1.01
3	匈牙利	1.13	阿塞拜疆	1.01
4	克罗地亚	1.06	俄罗斯	0.96
5	北马其顿	1.06	匈牙利	0.96

续表

排名	2015 年		2020 年	
	国家	TCI	国家	TCI
6	罗马尼亚	1.04	爱沙尼亚	0.93
7	阿塞拜疆	1.04	文莱	0.93
8	塞浦路斯	1.02	新加坡	0.92
9	沙特阿拉伯	1.00	印度尼西亚	0.92
10	波兰	0.98	克罗地亚	0.91

排名	2005—2020 年	
	国家	TCI
1	匈牙利	1.02
2	哈萨克斯坦	1.00
3	阿塞拜疆	0.97
4	沙特阿拉伯	0.94
5	克罗地亚	0.91
6	罗马尼亚	0.90
7	斯洛文尼亚	0.90
8	黑山	0.88
9	波兰	0.87
10	北马其顿	0.86

数据来源：UNCTAD 数据库。

(二)中国进口与"一带一路"沿线国家出口的服务贸易互补性分析

表 7-23 为基于中国进口与不同区域"一带一路"沿线国家出口所计算的 2005—2020 年不同部门服务贸易互补指数均值。从

表 7-23 可以看出，中国与东亚地区"一带一路"沿线国家在交通服务贸易部门、旅游服务贸易部门的贸易互补指数超过 1，说明中国与东亚地区"一带一路"沿线国家在这两个部门存在潜在的贸易合作利益和贸易机遇。同理，中国与东盟、西亚、中亚、独联体、中东欧"一带一路"沿线国家在交通服务贸易部门、旅游服务贸易部门的贸易互补指数均大于 1，这说明中国与这些地区在这两个部门存在潜在的贸易合作利益和贸易机遇。

表 7-23　中国进口与不同区域"一带一路"沿线国家出口的各部门服务贸易互补指数

地区	TCI			
	与货物相关的服务贸易	交通服务贸易	旅游服务贸易	其他服务贸易
东亚	0.07	2.17	2.60	0.27
东盟	0.19	1.37	2.24	0.50
西亚	0.06	1.75	2.82	0.37
南亚	0.06	0.70	1.07	0.94
中亚	0.09	2.77	2.07	0.23
独联体	0.20	1.98	1.42	0.49
中东欧	0.27	1.45	2.11	0.43

数据来源：UNCTAD 数据库。

表 7-24 为基于中国进口与"一带一路"沿线国家出口所计算的与货物相关的服务贸易互补指数。总体而言，中国进口与"一带一路"沿线国家出口在与货物相关的服务贸易部门贸易互补指数不高，但呈增长的态势。特别值得注意的是，2015 年，

中国与塔吉克斯坦和北马其顿的贸易互补指数超过1，存在一定贸易合作的可能性。2020年，贸易互补指数超过1的国家上升到7个，包括缅甸、波斯尼亚和黑塞哥维那、阿尔巴尼亚、北马其顿、摩尔多瓦、马来西亚和菲律宾。

表 7-24　2005—2020 年中国进口与"一带一路"沿线国家出口的
与货物相关的服务贸易互补指数前十位的国家

排名	2005 年		2010 年	
	国家	TCI	国家	TCI
1	罗马尼亚	0.03	塔吉克斯坦	0.29
2	北马其顿	0.02	波斯尼亚和黑塞哥维那	0.18
3	孟加拉国	0.01	北马其顿	0.10
4	白俄罗斯	0.01	缅甸	0.09
5	乌克兰	0.01	罗马尼亚	0.09
6	摩尔多瓦	0.01	阿塞拜疆	0.09
7	捷克	0.01	摩尔多瓦	0.08
8	匈牙利	0.01	阿尔巴尼亚	0.07
9	爱沙尼亚	0.01	乌克兰	0.06
10	波兰	0.01	保加利亚	0.06
排名	2015 年		2020 年	
	国家	TCI	国家	TCI
1	塔吉克斯坦	1.10	缅甸	2.50
2	北马其顿	1.04	波斯尼亚和黑塞哥维那	1.67
3	波斯尼亚和黑塞哥维那	0.85	阿尔巴尼亚	1.63
4	罗马尼亚	0.70	北马其顿	1.58

续表

排名	2015 年		2020 年	
	国家	TCI	国家	TCI
5	摩尔多瓦	0.59	摩尔多瓦	1.51
6	阿尔巴尼亚	0.51	马来西亚	1.28
7	波兰	0.43	菲律宾	1.07
8	乌克兰	0.42	罗马尼亚	0.97
9	捷克	0.41	孟加拉国	0.96
10	匈牙利	0.40	捷克	0.88

排名	2005—2020 年	
	国家	TCI
1	塔吉克斯坦	0.61
2	波斯尼亚和黑塞哥维那	0.53
3	缅甸	0.51
4	北马其顿	0.48
5	摩尔多瓦	0.40
6	罗马尼亚	0.36
7	阿尔巴尼亚	0.35
8	乌克兰	0.27
9	捷克	0.25
10	波兰	0.24

数据来源：UNCTAD 数据库。

就交通服务贸易部门而言，2005—2020 年，中国进口与"一带一路"沿线国家出口贸易互补指数排名前十位国家的数值均大于 2，如表 7-25 所示。中国与三个中亚"一带一路"沿线国家（塔吉克斯坦、乌兹别克斯坦、哈萨克斯坦）的贸易互补指数一直比较高，存在较大贸易合作潜能。

表 7-25　2005—2020 年中国进口与"一带一路"沿线国家出口的交通
服务贸易互补指数前十位的国家

排名	2005 年		2010 年	
	国家	TCI	国家	TCI
1	白俄罗斯	3.42	白俄罗斯	3.79
2	卡塔尔	3.20	乌兹别克斯坦	3.74
3	希腊	3.04	卡塔尔	3.56
4	文莱	3.04	哈萨克斯坦	3.39
5	立陶宛	3.02	立陶宛	3.39
6	伊拉克	2.97	希腊	3.36
7	拉脱维亚	2.97	斯里兰卡	2.87
8	哈萨克斯坦	2.93	科威特	2.87
9	蒙古	2.87	拉脱维亚	2.77
10	科威特	2.83	塔吉克斯坦	2.70
排名	2015 年		2020 年	
	国家	TCI	国家	TCI
1	文莱	3.61	塔吉克斯坦	5.31
2	塔吉克斯坦	3.27	哈萨克斯坦	4.68
3	立陶宛	2.93	立陶宛	4.44
4	乌兹别克斯坦	2.90	阿塞拜疆	4.40
5	哈萨克斯坦	2.85	希腊	4.27
6	埃及	2.63	乌兹别克斯坦	4.12
7	卡塔尔	2.48	蒙古	4.11
8	白俄罗斯	2.24	卡塔尔	4.07
9	拉脱维亚	2.21	埃及	3.32
10	希腊	2.16	格鲁吉亚	3.09

续表

排名	2005—2020 年	
	国家	TCI
1	塔吉克斯坦	3.46
2	卡塔尔	3.33
3	立陶宛	3.30
4	乌兹别克斯坦	3.22
5	文莱	3.14
6	白俄罗斯	3.10
7	哈萨克斯坦	3.10
8	希腊	2.83
9	拉脱维亚	2.51
10	伊朗	2.38

数据来源：UNCTAD 数据库。

从旅游服务贸易部门来看，2005—2020 年，中国进口与"一带一路"沿线国家出口的贸易互补性很高且不断增强，如表 7-26 所示。其中中国与马尔代夫的贸易互补指数最高，从 2005 年的 3.56 上升到 2020 年的 24.28。从 2005—2020 年的均值来看，中国与马尔代夫、柬埔寨、老挝的贸易互补指数位于"一带一路"沿线国家前三。

表 7-26　2005—2020 年中国进口与"一带一路"沿线国家出口的旅游服务贸易互补指数前十位的国家

排名	2005 年		2010 年	
	国家	TCI	国家	TCI
1	马尔代夫	3.56	马尔代夫	4.91

续表

排名	2005 年		2010 年	
	国家	TCI	国家	TCI
2	柬埔寨	3.01	叙利亚	4.38
3	土耳其	2.76	柬埔寨	3.88
4	克罗地亚	2.73	老挝	3.88
5	老挝	2.73	阿拉伯联合酋长国	3.79
6	阿尔巴尼亚	2.70	也门	3.71
7	阿拉伯联合酋长国	2.69	克罗地亚	3.55
8	叙利亚	2.68	黑山	3.53
9	约旦	2.39	亚美尼亚	3.31
10	保加利亚	2.21	沙特阿拉伯	3.26

排名	2015 年		2020 年	
	国家	TCI	国家	TCI
1	马尔代夫	8.70	马尔代夫	24.28
2	老挝	8.45	不丹	16.56
3	柬埔寨	7.81	约旦	15.15
4	不丹	7.36	克罗地亚	14.26
5	泰国	6.99	柬埔寨	13.91
6	沙特阿拉伯	6.89	泰国	11.84
7	克罗地亚	6.74	阿尔巴尼亚	11.73
8	黑山	6.60	阿拉伯联合酋长国	10.48
9	阿尔巴尼亚	6.56	沙特阿拉伯	10.41
10	越南	6.43	吉尔吉斯斯坦	9.25

排名	2005—2020 年	
	国家	TCI
1	马尔代夫	7.34
2	柬埔寨	5.78

续表

排名	2005—2020 年	
	国家	TCI
3	老挝	5.33
4	克罗地亚	5.30
5	不丹	5.26
6	约旦	5.11
7	黑山	5.04
8	泰国	4.94
9	阿尔巴尼亚	4.76
10	沙特阿拉伯	4.65

数据来源：UNCTAD 数据库。

从其他服务贸易部门来看，中国进口与"一带一路"沿线国家出口的贸易互补性降低。2005 年和 2010 年，中国进口与"一带一路"沿线国家出口的贸易互补指数分别有 7 个和 5 个国家大于 1，而 2015 年和 2020 年，中国与所有"一带一路"沿线国家的贸易互补指数均小于 1，如表 7-27 所示。具体到其他服务贸易部门分部门，除了政府服务贸易部门和金融服务贸易部门贸易互补指数呈上升趋势外，其他分部门的贸易互补指数均呈下降趋势。具体而言，在建筑服务贸易部门，中国进口与"一带一路"沿线国家出口的贸易互补指数尽管呈下降趋势，但仍是所有部门中最高的。就保险服务贸易部门而言，中国进口与"一带一路"沿线国家出口的贸易互补指数呈下降趋势。就金融服务贸易部门而言，2005—2020 年，中国进口与"一带一路"沿线国家出口的贸易互补指数均小于 0.5，这说明该部门的贸易互补性虽有提高，但整体水平仍很低。在电信、计算机及信息技术服务贸易部门，中国进口与"一带一路"沿线国家出口的贸易互补性在下降。

表 7-27　2005—2020 年中国进口与"一带一路"沿线国家出口的其他服务贸易互补指数前十位的国家

排名	2005 年		2010 年	
	国家	TCI	国家	TCI
1	印度	1.29	孟加拉国	1.33
2	孟加拉国	1.25	阿富汗	1.32
3	巴基斯坦	1.16	菲律宾	1.17
4	菲律宾	1.10	印度	1.16
5	塔吉克斯坦	1.07	巴基斯坦	1.12
6	以色列	1.07	以色列	0.95
7	尼泊尔	1.01	科威特	0.76
8	阿塞拜疆	0.87	罗马尼亚	0.74
9	科威特	0.87	吉尔吉斯斯坦	0.73
10	吉尔吉斯斯坦	0.86	塞尔维亚	0.70
排名	2015 年		2020 年	
	国家	TCI	国家	TCI
1	孟加拉国	0.65	以色列	0.77
2	阿富汗	0.64	印度	0.76
3	印度	0.62	科威特	0.74
4	菲律宾	0.60	巴基斯坦	0.73
5	巴基斯坦	0.60	阿富汗	0.71
6	以色列	0.57	菲律宾	0.68
7	巴林	0.56	孟加拉国	0.67

续表

排名	2015 年		2020 年	
	国家	TCI	国家	TCI
8	科威特	0.52	尼泊尔	0.67
9	尼泊尔	0.52	塞浦路斯	0.63
10	新加坡	0.44	新加坡	0.60

排名	2005—2020 年	
	国家	TCI
1	孟加拉国	1.01
2	印度	0.97
3	阿富汗	0.92
4	巴基斯坦	0.88
5	菲律宾	0.87
6	以色列	0.86
7	科威特	0.80
8	巴林	0.71
9	尼泊尔	0.70
10	黎巴嫩	0.65

数据来源：UNCTAD 数据库。

四、中国与"一带一路"沿线国家服务贸易的竞争性 分析

如果两国在资源禀赋、经济发展阶段、人才资源储备方面具有较高的一致性，一国具有出口优势的服务贸易部门同另

一国相似，则两国在出口对方或第三方市场时就存在竞争，即两国服务贸易具有竞争性。出口相似度指数，即 ES 指数最早在 1979 年被提出[1]，随后不断有学者对其进行修正[2]。由于 ES 指数能测度任意两国在世界市场或第三方市场服务贸易部门出口产品的相似性程度，故经常被学者用于测量两国间贸易的竞争性水平。因此，本部分借鉴陈继勇等对贸易竞争性的测算方法[3]，采用 ES 指数来测度中国与"一带一路"沿线国家在世界服务贸易市场上的竞争情况，其计算公式为：

$$ES_{ij}^{k} = \sum k \left\{ \frac{X_i^k / \sum X_i + X_j^k / \sum X_j}{2} \times \right.$$

$$\left. \left[1 - \left| \frac{X_i^k / \sum X_i - X_j^k / \sum X_j}{X_i^k / \sum X_i + X_j^k / \sum X_j} \right| \right] \right\} \times 100$$

在上述公式中，ES_{ij}^{k} 表示 i 国与 j 国在 k 服务贸易部门上的出口相似度指数，公式右端中各字母的含义与前文相同。ES_{ij}^{k} 的取值范围为 1～100，数值越大，说明两国在世界市场的出口结构越相似，竞争越激烈；数值越小，说明两国在世界市场的出口结构越不相同，竞争越小。

---

[1] J. M. Finger & M. E. Kreinin, "A Measure of 'Export Similarity' and Its Possible Uses," *The Economic Journal*, 1979(356), pp. 905-912.

[2] 如史智宇：《出口相似度与贸易竞争：中国与东盟的比较研究》，载《财贸经济》，2003(9)。

[3] 参见陈继勇、蒋艳萍、王保双：《中国与"一带一路"沿线国家的贸易竞争性研究：基于产品域和市场域的双重视角》，载《世界经济研究》，2017(8)。

表 7-28 显示，与中国服务贸易出口存在强竞争关系的国家集中在中东欧和独联体"一带一路"沿线国家，其中匈牙利、波兰、捷克是与中国在全球服务贸易出口市场上竞争比较大的国家。与此相反，中国与亚洲"一带一路"沿线国家在服务贸易出口市场上的竞争关系逐渐减弱。例如，2005 年，4 个亚洲国家(马来西亚、泰国、印度尼西亚、阿曼)与中国的服务贸易出口相似度位居前十，但这 4 个国家在 2010 年、2015 年、2020 年和中国的出口相似度排名均跌出前十；2010 年与中国出口相似度排名前十的国家中只有巴林和吉尔吉斯斯坦 2 个亚洲国家；2015 年，2 个亚洲国家(新加坡、巴林)与中国在服务贸易出口上有较强竞争；2020 年，2 个亚洲国家(新加坡和孟加拉国)与中国在服务贸易出口上有较强竞争。从年均值来看，中国只与新加坡一个亚洲国家在服务贸易出口市场存在较激烈竞争。

表 7-28　2005—2020 年中国与"一带一路"沿线国家服务贸易
ES 指数最大的 10 个国家及其 ES 指数

排名	2005 年		2010 年	
	国家	ES 指数	国家	ES 指数
1	捷克	92.36	波兰	93.00
2	波兰	89.93	匈牙利	92.33
3	匈牙利	86.48	阿塞拜疆	91.58
4	马来西亚	83.92	塞尔维亚	91.37

排名	2005 年		2010 年	
	国家	ES 指数	国家	ES 指数
5	亚美尼亚	83.51	巴林	90.00
6	塞浦路斯	83.04	北马其顿	89.52
7	泰国	83.04	捷克	87.62
8	爱沙尼亚	82.78	俄罗斯	86.57
9	印度尼西亚	81.04	摩尔多瓦	86.25
10	阿曼	79.43	吉尔吉斯斯坦	85.86
排名	2015 年		2020 年	
	国家	ES 指数	国家	ES 指数
1	匈牙利	90.52	新加坡	90.70
2	波兰	89.17	塞浦路斯	90.56
3	捷克	88.46	爱沙尼亚	89.87
4	塞浦路斯	86.53	罗马尼亚	89.16
5	塞尔维亚	86.41	孟加拉国	87.68
6	俄罗斯	85.41	匈牙利	86.97
7	新加坡	83.87	乌克兰	86.86
8	巴林	81.20	捷克	86.07
9	爱沙尼亚	80.97	保加利亚	85.99
10	罗马尼亚	80.16	俄罗斯	85.88
排名	2005—2020 年			
	国家	ES 指数		
1	匈牙利	89.06		
2	波兰	88.16		
3	捷克	87.58		
4	塞尔维亚	86.44		
5	塞浦路斯	84.64		

续表

排名	2005—2020 年	
	国家	ES 指数
6	俄罗斯	83.43
7	罗马尼亚	82.12
8	爱沙尼亚	81.81
9	北马其顿	81.29
10	新加坡	81.29

数据来源：UNCTAD 数据库。

表 7-29 统计了与中国服务贸易出口存在弱竞争关系的 10 个"一带一路"沿线国家，从地区分布来看，这些国家基本都是亚洲"一带一路"沿线国家。2015 年和 2020 年，只有格鲁吉亚和希腊两个欧洲"一带一路"沿线国家在列表中。从年均值来看，除了希腊、黑山和克罗地亚属于欧洲"一带一路"沿线国家外，其他 7 个国家均属于亚洲"一带一路"沿线国家。

表 7-29　2005—2020 年中国与"一带一路"沿线国家服务贸易
ES 指数最小的 10 个国家及其 ES 指数

倒数排名	2005 年		2010 年	
	国家	ES 指数	国家	ES 指数
1	塔吉克斯坦	46.77	文莱	22.82
2	马尔代夫	48.56	马尔代夫	31.05
3	科威特	49.17	塔吉克斯坦	41.22
4	巴基斯坦	50.70	叙利亚	41.28
5	印度	52.93	柬埔寨	50.82

续表

倒数排名	2005 年		2010 年	
	国家	ES 指数	国家	ES 指数
6	孟加拉国	55.14	阿拉伯联合酋长国	50.90
7	希腊	56.99	老挝	51.00
8	伊拉克	60.09	不丹	52.20
9	伊朗	61.53	孟加拉国	53.02
10	柬埔寨	62.25	阿富汗	53.87

倒数排名	2015 年		2020 年	
	国家	ES 指数	国家	ES 指数
1	马尔代夫	32.14	马尔代夫	14.25
2	老挝	34.77	不丹	35.63
3	塔吉克斯坦	36.60	塔吉克斯坦	43.37
4	柬埔寨	41.25	希腊	46.78
5	不丹	42.49	乌兹别克斯坦	47.50
6	文莱	43.53	约旦	47.58
7	格鲁吉亚	46.85	格鲁吉亚	48.44
8	沙特阿拉伯	48.53	埃及	50.02
9	泰国	49.56	卡塔尔	50.24
10	希腊	50.42	柬埔寨	50.40

倒数排名	2005—2020 年	
	国家	ES 指数
1	马尔代夫	30.86
2	塔吉克斯坦	42.50
3	老挝	47.44
4	柬埔寨	47.74
5	文莱	48.40
6	不丹	49.26

续表

倒数排名	2005—2020 年	
	国家	ES 指数
7	希腊	52.17
8	乌兹别克斯坦	53.14
9	黑山	54.15
10	克罗地亚	54.53

数据来源：UNCTAD 数据库。

通过上述研究，我们可以得出以下结论。

第一，从服务贸易规模来看，2005—2020 年，中国与不同区域"一带一路"沿线国家的服务贸易总体规模大体呈增长趋势，中国服务贸易规模平均增长率高于所有不同区域"一带一路"沿线国家的服务贸易规模平均增长率。不同区域"一带一路"沿线国家的服务贸易总体规模相差很大，服务贸易发展表现出地区不均衡特征。

第二，从出口来看，中东欧、南亚"一带一路"沿线国家的服务贸易净出口额较大，具有出口优势。具体来看，"一带一路"沿线国家在交通服务贸易部门、旅游服务贸易部门和其他服务贸易部门存在明显的出口优势。此外，中国与大多数"一带一路"沿线国家在其他服务贸易部门的出口额比重上升，这说明中国与大多数"一带一路"沿线国家在其他服务贸易部门出现了"部门集中化"现象。从进口来看，2005—2020 年，中国、沙特阿拉伯、俄罗斯和阿拉伯联合酋长国四国在服务贸易方面的净进口额较大。具体来看，中国与大多数"一带一路"沿线国家在其他服务贸易部门的进口额比重呈增长态势，这说明其他服务贸易部门在进口方面同样出现了"部门集中化"现象。

第三，显性比较优势指数测算结果显示，2005—2020年，"一带一路"沿线国家服务贸易的整体比较优势有逐渐增强的趋势，具有较强的比较优势的经济体有向很强的比较优势转变的特征。"一带一路"沿线国家已经初步形成了服务贸易比较优势与分工的格局，成为"一带一路"倡议服务分工与贸易模式构建的基础。从分部门专业化分工来看，在与货物相关的服务贸易部门、旅游服务贸易部门，"一带一路"沿线国家呈现出相对较强的比较优势；而在交通服务贸易部门、其他服务贸易部门，绝大多数国家都呈现出很弱的比较优势。中国作为服务贸易大国，服务贸易的部门比较优势并不突出，并且中国服务贸易的整体比较优势处于逐渐减弱的趋势。

第四，贸易互补性测算结果显示，中国与"一带一路"沿线国家的服务贸易合作潜力大。具体来说，在与货物相关的服务贸易部门方面，中国出口与"一带一路"沿线国家进口的贸易互补指数远大于1且大于中国进口与"一带一路"沿线国家出口的贸易互补指数，说明中国出口与"一带一路"沿线国家进口之间存在巨大合作前景。在交通服务贸易部门方面，中国出口与"一带一路"沿线国家进口和中国进口与"一带一路"沿线国家出口的贸易互补指数均远大于 1 且呈上升趋势，说明中国与"一带一路"沿线国家的双向合作前景巨大且合作可能性稳健提高。在旅游服务贸易部门方面，中国出口与"一带一路"沿线国家进口和中国进口与"一带一路"沿线国家出口的贸易互补指数均远大于 1，这说明中国与"一带一路"沿线国家具有巨大双向合作前景。在其他服务贸易部门方面，中国出口与"一带一路"沿线国家进口和中国进口与"一带一路"沿线国家出口的贸易互补指数不大，但在建筑服务贸易部门，其他商务服务贸易部门，政府服务贸易部门和电信、计算机及信息技术服务贸易部门存在较好贸易合作机会，其中建筑服务贸易部门是传统互补性较高的服务贸易部门，而电信、计算机及信息技术服务贸易部门存在稳定的双向合作前景。

第五，贸易竞争性测算结果显示，中国与"一带一路"沿线国家中的匈牙利、波兰、捷克在全球服务贸易出口市场竞争激烈，而与亚洲"一带一路"沿线国家的服务贸易出口竞争关系呈减弱态势。由此，本文认为，对于中国与"一带一路"沿线国家存在优势互补的服务贸易部门，双方应该进行竞争性合作以形成合理的服务贸易部门分工体系，创造新的贸易增长点和"双赢"局面。具体而言，对于与货物相关的服务贸易部门，中国出口与"一带一路"沿线国家进口有很大的贸易互补优势，在合作对象上重点推动中国出口与近邻东盟国家(缅甸、文莱)和中东欧国家（保加利亚、斯洛伐克和匈牙利）进口之间的单向贸易合作；在提高自身贸易竞争力方面，中国应立足于在货物装配、贴标、包装和运输设备的维护上的优势，但应减少其劳动力的投入，提高此服务的技术含量，以此增强该服务贸易部门的核心竞争力。对于交通服务贸易部门，在双向合作对象部署上中国应重点推动同塔吉克斯坦之间的双向贸易往来；在单向合作部署上一方面推动中国出口与南亚国家（孟加拉国）和东南亚国家（缅甸、越南、柬埔寨）进口之间的贸易合作，另一方面促进中国进口与卡塔尔、白俄罗斯和立陶宛三国出口之间的贸易合作。与此同时，中国应将其交通运输网络优势用于"一带一路"沿线的交通运输基础设施建设中，从而为货物贸易提供良好的运输服务，减少运输费用和运输时间。此外，"一带一路"倡议鼓励向西开放，带动西部开发以及中亚、蒙古等内陆国家和地区的开发，沿途交通运输网络的建设将推动产业升级发展。对于旅游服务贸易部门，随着中国消费升级，国民对旅游服务的需要日益增加，中国应合理利用"一带一路"沿线国家的地理人文资源，推动双方多部门发展。在合作对象部署上，考虑到政治风险最小化，中国应重点推动同老挝之间的双向贸易往来；单向合作重点推进中国进口与马尔代夫、柬埔寨、泰国、沙特阿拉伯、约旦、克罗地亚等国出口之间的贸易合作，推进中国出口与阿尔巴尼亚、亚美尼亚、科威特、尼泊尔等国进口之间的贸易合作。此外，中国可以在将政治风险降低在可控范围前提下推动与阿尔巴尼亚的双向贸易合作和与伊朗的单向贸易合作。

而就存在优势互补的其他服务贸易部门分部门而言，对于建筑服务贸易部门，鉴于中国与独联体国家间存在双向合作前景，这些国家理应成为中国建筑服务贸易合作的重点关注对象。考虑到"一带一路"沿线许多国家基础设施建设落后，不能满足国内经济发展要求，中国应充分发挥其人力资本和技术协作的优势，推动"一带一路"沿线国家基础设施建设，从而为"一带一路"沿线国家制造业的发展奠定基础，以带动各国实体经济发展，进而更好地发挥中国建筑服务的出口优势。对于保险服务贸易部门，中国与中东国家之间的双向贸易合作应是保险服务合作部署的重点。此外，中国还应加大保险服务进口和新加坡保险服务出口的单向贸易合作；中国更应该对保险服务贸易部门予以政策支持，学习发达国家保险服务贸易部门的发展经验，提升自身实力。对于电信、计算机及信息技术服务贸易部门，近年来中国信息技术水平不断提高，而许多"一带一路"沿线国家的信息化基础设施较差，这为双方合作提供了良好契机。具体来说，中国跨境电商领域发展迅速，故中国可加强自身与"一带一路"沿线国家以互联网为基础的新型服务贸易，使之成为双方经济发展的新增长点。在合作对象选择上，中国应重点寻求中国出口和中东欧国家进口之间的贸易合作；同时考虑到印度在该部门竞争优势较强，应充分借鉴其经验，中国也需要适度推进中国进口和印度出口之间的单向交流合作。对于双方互补性优势小的金融服务贸易部门、专利及知识产权服务贸易部门和其他商务服务贸易部门，中国可积极实施"引进来"战略，与"一带一路"沿线国家中发展较好的国家开展合作（如新加坡），从而弥补自身的弱势。对于金融服务贸易部门，中国应加强金融行业法律法规的建设，加速人民币的国际化进程；对于专利及知识产权服务贸易部门，中国应加强对专利、商标等的保护，注重提高知识产权和技术专利效益，从而带动国内产业结构升级；对于其他商务服务贸易部门，中国与"一带一路"沿线国家的贸易互补性在下降，竞争越来越激烈。这表明，中国应与"一带一路"沿线国家多举行商品贸易的洽谈会，同时在管理咨询、技术研发方面加强交流，积极寻求差异性竞争与合作的机会。

第八章 | "一带一路"贸易发展对中美贸易摩擦的应对

一、中美贸易摩擦的发展历程

2017 年 8 月 14 日，美国以中国对美国知识产权存在侵犯行为为由对中国启动单边301 调查，对中国做出诸多不客观的负面评价，对华采取加征关税、限制投资等限制措施，挑起中美贸易摩擦。2017 年 8 月 19 日，美国贸易代表办公室（USTR）对华正式发起301 调查。2018 年 3 月 8 日，美国总统特朗普宣布，美国将在很长一段时期对钢铁和铝进口征收 25％和 10％的重税，但随后豁免盟友，最终被征收高关税的可能只有中国。2018 年 3 月 23 日，美国贸易代表办公室发布 301 调查结果，认为中国通过合资企业、外国投资、行政审查、许可证程序等手段对美国公司进行了诸多强制性技术转让。当日，特朗普政府以应对中国对美国不平等和有害的技术兼并为由，决定采取措施，拟对中国某些商品加征 25％的从价关税，拟议商品清单，此后中美双方开始第一轮加征关税，同时美国加紧出台对中国多方面的压制措施，涉及贸易、金融、军事等，中美贸易摩擦拉开帷幕。时至 2020 年，中美之间虽然签署了第一阶段经贸协议，但贸易摩擦尚未结束。总体来看，此次中美贸易摩擦具有持续时间长、涉及范围广、影响力度大等特点。虽然如此，在中美贸易摩擦过程中并非总剑拔弩张，中美关系处于紧张缓和的交替中。本部分根据中美关系将中美贸易摩擦分为以下几个时期，如表 8-1 所示。

表 8-1　中美贸易摩擦时间节点及双方措施

中美关系	时间	美国动作	中国动作
紧张	2017 年 8 月 19 日	美国总统特朗普签署备忘录，指示美国贸易代表办公室对中国开展 301 调查	
	2018 年 3 月 8 日	美国总统特朗普签署公告，认定进口钢铁和铝威胁美国国家安全，决定于 3 月 23 日起，对自中国进口的钢铁和铝全面征税，税率分别为 25％和 10％	

续表

中美关系	时间	美国动作	中国动作
紧张	2018年3月23日	美国宣布301调查结果（中国对美进行了诸多强制性技术转让，美国拟对中国某些商品加征25%的从价关税）	拟对美9.77亿美元和19.92亿美元商品分别加征15%、25%的关税
	2018年4月4日	美国贸易代表办公室发布涉及500亿美元的1300个单独关税项目的进口商品惩罚关税（25%）清单	中国宣布对美500亿美元进口反制清单，将对原产于美国的大豆等农产品、汽车、化工品、飞机等进口商品对等采取加征关税措施，税率为25%
缓和	2018年4月10日		习近平在博鳌论坛提出进一步对外开放的四项重要举措
	2018年4月11日	特朗普发推文感谢习近平	
紧张	2018年6月18日	特朗普宣称将对2000亿美元中国商品加征10%关税，并威胁如果中国反击，美国将对另外2000亿美元的中国商品追加额外关税	
	2018年7月6日	美国对中国340亿美元商品加征25%关税生效	中国对美国340亿美元商品加征25%关税生效
	2018年8月1日	美国宣布拟将把2000亿美元中国商品的征税税率由10%提高至25%	

中美关系	时间	美国动作	中国动作
紧张	2018 年 8 月 3 日		中国国务院关税税则委员会宣布拟将对原产于美国的 600 亿美元商品按照四档不同税率加征 5%～25%不等的关税
	2018 年 8 月 23 日	美国对 500 亿美元中国商品剩余部分（160 亿美元)加征 25%关税生效	中国对 160 亿美元美国商品加征 25%关税生效
	2018 年 9 月 24 日	对原产于中国的 5745 项 2000 亿美元商品加征 10%的进口关税生效，并将于 2019 年 1 月 1 日将加征关税税率上调至 25%	对 600 亿美元美国进口商品加征 10%和 5%的关税生效
缓和	2018 年 11 月 1 日		中国国家主席习近平应约同美国总统特朗普通电话
	2018 年 12 月 14 日	美国贸易代表办公室宣布正式将针对中国 2000 亿美元商品加征关税从 10%提高至 25%的时间由 2019 年 1 月 1 日改为 2019 年 3 月 2 日	从 2019 年 1 月 1 日起，对原产于美国的汽车及零部件暂停加征关税 3 个月，涉及 211 个税目
	2019 年 3 月 5 日	美国贸易代表办公室宣布正式再次推迟对中国 2000 亿美元商品加征关税从 10%提高至 25%的期限，具体期限另行通知	
	2019 年 3 月 31 日		延长对原产于美国的汽车及零部件暂停加征关税，截止日期另行通知

续表

中美关系	时间	美国动作	中国动作
紧张	2019年5月10日	对从中国进口的2000亿美元商品加征的关税税率由10%提高至25%生效	
	2019年6月1日		对已实施加征关税的600亿美元的美国商品中的部分,提高加征关税税率,分别实施25%、20%或10%加征关税,对之前加征5%关税的税目商品,仍继续加征5%关税
缓和	2019年6月29日		中国国家主席习近平在大阪G20峰会上同美国总统特朗普会晤
	2019年7月9日	对于301调查的一部分中国输美340亿美元110种中国商品取消关税(之前加征25%关税)	刘鹤应约与美国贸易代表莱特希泽、财政部部长姆努钦通话
紧张	2019年8月1日	美国总统特朗普发表推特称拟将于9月1日起对3000亿美元中国输美商品加征10%关税,此前对2500亿美元中国输美商品加征25%的关税已经生效,此次加征的关税将涵盖剩下的所有中国输美商品	
	2019年8月23日		对原产于美国的750亿美元进口商品加征10%、5%不等关税,分两批自2019年9月1日、2019年12月15日实施
	2019年8月24日	美国总统特朗普发推文宣布从10月1日起,目前	

中美关系	时间	美国动作	中国动作
紧张	2019 年 8 月 24 日	按 25％税率加征关税的 2500 亿美元中国输美商品的加征税率上调至 30％。之前从 9 月 1 日起按 10％税率加征关税的 3000 亿美元中国输美商品的加征税率上调至 15％。同时，特朗普还向美国企业施压要求撤出中国	
	2019 年 9 月 1 日	对部分 3000 亿美元（1250 亿美元）中国输美商品加征 15％关税生效	对 750 亿美元美国商品加征 5％～10％关税生效
缓和	2019 年 9 月 11 日		公布了第一批对美加征关税商品的排除清单，包括 16 项商品
	2019 年 9 月 12 日	对 2500 亿美元中国输美商品加征关税税率由 25％上调至 30％的措施推迟至 2019 年 10 月 15 日生效	
	2019 年 9 月 17 日	美国贸易代表办公室公布了三份对中国加征关税商品的排除清单	
	2019 年 10 月 11 日	第十三轮中美经贸高层磋商结束后，美国总统特朗普在白宫椭圆形办公室会见了中国国务院副总理刘鹤	
	2019 年 12 月 13 日	暂停对原定于 2019 年 10 月 15 日对中国加征的关税，拟将对 1200 亿美元中国商品加征的关税下	

续表

中美关系	时间	美国动作	中国动作
缓和	2019 年 12 月 13 日	调 至 7.5%，保 持 对 2500 亿美元中国商品加征 的 25% 关税	
	2019 年 12 月 15 日		暂停原定于 2019 年 12 月 15 日 实施的对原产于美国的 750 亿 美元进口商品加征 10%、5% 不等关税，对原产于美国的汽 车及零部件继续暂停加征关税
	2020 年 1 月 15 日	中美签署第一阶段经贸协议	
	2020 年 2 月 14 日	美国对中国 3000 亿美元 商品清单中的第一部分 1200 亿美元商品加征关税 从 15% 降至 7.5% 正式 生效	

从中美贸易摩擦进程可以看出，中美关系一直处在紧张缓和的多次交替中，总体而言有以下几个特点：第一，美方主动，中方被动，美国多次主动发起新一轮的加征关税行动，中国加征关税紧跟其后，属于反制措施；第二，美方打法多维，中方打法相对单一，美国不仅在贸易领域对中国出口商品进行打压，而且对华为、中兴等中国高科技企业和 5G 高科技领域推出限制措施，相对而言，中国更多是从贸易领域进行反击和应对的；第三，中美谈判和贸易摩擦并存，中美双方进行了十三轮经贸高层磋商，双方暂停原定计划的加征关税，贸易摩擦进行的同

时，贸易谈判也在进行。

二、中美贸易摩擦的加征关税措施

(一)加征关税所涉及的行业

中美四轮加征关税的具体情况如表 8-2 所示。

表 8-2 中美四轮加征关税概况

轮数	美对中加征关税			中对美加征关税		
	商品价值	加征税率	实施时间	商品价值	加征税率	实施时间
第一轮	340 亿美元	25%	2018 年 7 月 6 日	340 亿美元	25%	2018 年 7 月 6 日
第二轮	160 亿美元	25%	2018 年 8 月 23 日	160 亿美元	25%	2018 年 8 月 23 日
第三轮	2000 亿美元	10%	2018 年 9 月 24 日	600 亿美元	10%、5%	2018 年 9 月 24 日
第四轮	1250 亿美元	15%	2019 年 9 月 1 日	750 亿美元	5%～10%	2019 年 9 月 1 日

数据来源：中华人民共和国商务部网站。

从中国对美国加征关税的清单可以看出，重点行业集中在纺织品和服装业，机械设备产业，计算机、电子、光学产品，化工产业，钢铁金属制品业几个行业，详见表 8-3。

表 8-3 中国加征关税清单中的重点行业

轮数	中国加征关税清单中的重点行业
第一轮	渔业；水果和蔬菜；动物制成品；采掘业；食品加工制造业
第二轮	化工产业；计算机、电子、光学产品；机械设备产业；钢铁金属制品业；橡胶塑料；纺织品和服装业
第三轮	纺织品和服装业；机械设备产业；计算机、电子、光学产品；化工产业；钢铁金属制品业
第四轮	纺织品和服装业；机械设备产业；计算机、电子、光学产品；化工产业；钢铁金属制品业
重点关注行业	纺织品和服装业；机械设备产业；计算机、电子、光学产品；化工产业；钢铁金属制品业

资料来源：中华人民共和国商务部网站。

(二)重点加征关税商品的贸易特征

从表 8-4 可以看出，中国对美国加征关税重点集中在占总进口比例较大的几个行业中，表中几个行业在 2019 年合计占比达到 58.24%，这反映出中国对美国加征关税的行为具有反制性质，在行业的选择上也有一定的针对性。

表 8-4 不同行业中国从美国进口的比例

行业	占中国从美国进口的比例				
	2016 年	2017 年	2018 年	2019 年	2020 年
纺织品和服装业	0.95%	1.19%	1.21%	1.11%	1.64%
机械设备产业	10.74%	10.67%	11.72%	14.10%	12.37%
计算机、电子、光学产品	20.02%	18.88%	21.15%	26.55%	24.26%
化工产业	9.74%	9.73%	11.08%	12.98%	13.22%
钢铁金属制品业	3.41%	3.55%	3.67%	3.50%	2.73%
合计占比	44.86%	44.02%	48.83%	58.24%	54.22%

数据来源：中华人民共和国商务部网站。

三、实证方法、情景设置及模型构建

(一)GTAP 模型介绍

GTAP 模型是多国多部门可计算的一般均衡模型，该模型内部包含了政府支出、私人消费和企业产出等多个子模型，并且通过子模型之间的相互联合形成一般均衡。该模型常被用于贸易政策变动、经济体联盟建立、气候变化以及劳动力迁移等全球热点问题的分析论证。

该模型的基本假设包括：第一，各国国内市场均为完全竞争市场，产品可以自由流动；第二，企业的生产函数规模报酬不变，生产厂商根据生产成本最小化、生产利润最大化的原则进行生产活动；第三，消费者根据支出最小化、效用最大化原则进行消费；第四，生产厂商没有生产要素的定价权；第五，要素市场和产品市场均实现出清；第六，全球储蓄等于全球投资。该模型设定了五种生产要素：土地、资本、熟练劳动力、非熟练劳动力以及自然资源。该模型设定了三个交易主体：私人家庭、政府和厂商。该模型假设每个国家和地区的区域居民由私人部门和政府部门所构成，这两个部门的区域居民决定了私人部门和政府部门的消费行为与储蓄行为。[1]

本部分使用最新版的 GTAP 10 数据库,以 2014 年全球贸易数据作为基准数据。GTAP 10 数据库涵盖了 121 个国家、20 个区域和 65 个部门,总共代表着世界 98% 的 GDP 和世界 92% 的人口,广泛采用了美国、欧盟、拉丁美洲一体化协会等的进口数据,数据主要来源于各国的投入产出表,世界贸易组织、世界银行等的数据库。

(二)征税政策的情景设置

2018 年 5 月 29 日,美国白宫发表声明称,将于 6 月 15 日公布对 500 亿美元中国商品征收 25% 关税的商品清单;2018 年 7 月 5 日,美国贸易代表办公室表示对首批 340 亿美元中国商品加征 25% 关税将如期实施,对第二批 160 亿美元中国商品加征 25% 关税将在两周内生效;2018 年 7 月 6 日,美国正式宣布对首批 340 亿美元中国商品加征 25% 关税,中国政府随即对此采取相同力度的反制措施;2018 年 7 月 11 日,美国贸易代表办公室发布对 2000 亿美元中国商品征收 10% 关税的清单;2018 年 8 月 1 日,美国贸易代表莱特希泽发表声明,即将把 2000 亿美元中国商品的征税税率从 10% 提高至 25%;2018 年 8 月 3 日,中国国务院关税税则委员会宣布将对原产于美国的 600 亿美元

---

[1] 参见 GTAP 网站。

商品按照四档不同税率加征 5％～25％ 不等的关税，其中近一半商品的税率高达 25％，包括农产品、化工品、纺织品、电子产品等，覆盖原材料和中端消耗品；2018 年 9 月 17 日，美国总统特朗普宣布对产于中国的 2000 亿美元商品加征 10％ 关税将于 9 月 24 日生效，2019 年 1 月 1 日起关税税率将提高到 25％，如果中国采取反击行动，美国将对产于中国的 2670 亿美元商品加征关税；2018 年 9 月 24 日，美国政府对 2000 亿美元中国商品加征 10％ 关税正式生效，同时，中国政府也宣布对原产于美国的 600 亿美元进口商品加征 10％、5％ 的关税生效。本部分主要分析中美贸易摩擦升级以来美国对中国实施的加征关税方案所产生的经济效应。根据中美贸易摩擦升级以来美国对中国商品加征关税的方案以及中国的反制措施，本部分拟将模拟情景设定为以下四种：情景一，中美两国对从对方进口的 500 亿美元商品均加征 25％ 关税；情景二，在情景一基础上，美国对原产于中国的 2000 亿美元商品加征 25％ 关税，中国对原产于美国的 600 亿美元商品加征 25％ 关税；情景三，在情景二基础上，美国对原产于中国的 3000 亿美元商品加征 25％ 关税，中国对原产于美国的 750 亿美元商品加征 25％ 关税；情景四，在情景三基础上，美国对所有原产于中国的商品减征 12.5％ 关税，中国对所有原产于美国的商品减征 12.5％ 关税。

(三)模型构建步骤、参数设置与求解方法

1. 模型构建步骤

第一步，对 GTAP 10 数据库中的数据进行分类。在国家分类中，为了深入探究中美贸易摩擦的冲击，本部分根据中美两国的贸易伙伴关系，将全球 141 个国家和地区划分为 8 个国家或地区，依次是：中国、美国、东盟国家、其他亚洲"一带一路"沿线国家、中东欧"一带一路"沿线国家、其他欧洲"一带一路"沿线国家、其他"一带一路"沿线国家和其他国家；在行业分类中，本部分根据中美贸易摩擦中涉及的商品将原数据库中 65 个部门合并为 24 个行业部门，具体划分情况见表 8-5。

表 8-5　GTAP 模型行业设定

行业 部门编号	行业部门	GTAP 部门	商品编码
1	谷物	1～3	10、11
2	水果和蔬菜	4	7、8
3	油籽和植物油、甘蔗和甜菜	5	12
4	经济作物	6～8	9、13、14
5	活动物	9	1
6	动物制成品	10～12	2、4、5
7	林业	13	6
8	渔业	14	3
9	采掘业	15～18	25、26、27
10	食品加工制造业	19～25	15～21

行业部门编号	行业部门	GTAP部门	商品编码
11	烟酒制造业	26	22、24
12	纺织品和服装业	27~28	50~63
13	其他轻工业	29~31	41~49、64~67
14	化工产业	32~34	28~38
15	橡胶塑料	35	39、40
16	非金属矿物制品业	36	68、69、70
17	钢铁金属制品业	37~39	72~83
18	计算机、电子、光学产品	40	85、90、91、92
19	机械设备产业	41~42	84
20	交通运输设备制造业	43~44	86~89
21	其他制造业	45	23、93~96
22	公共事业及建筑业	46~49	
23	交通与通信业	52~56	
24	其他服务业	50~51、57~65	

第二步，对 GTAP 模型中的变量和求解方法进行处理。GTAP 模型中所仿真模拟的默认模型闭合为中长期闭合，即模拟结果为中长期贸易效应。本部分为了更好地模拟中美贸易摩擦带来的长期贸易效应，需要通过资本内生化、资本回报率外生化建立长期闭合。通过修改模型的闭合方式，本部分可以将模型冲击向资本回报率传导，而资本回报率的变动会进一步向模型中的各经济变量递推，从而更好地实现模型冲击的传导。

2. 模型参数设置与求解方法

GTAP 模型有独立、专门的参数数据库。GTAP 模型的参数数据库包括：CDE 效用函数替代弹性参数、中间产品投入替代弹性参数、非完全流动享赋产品的转换弹性参数、国产品与进口产品间的替代弹性参数、不同进口产品之间的替代弹性参数、投资分配机制参数、初级要素间的替代弹性参数等。GTAP 模型中的参数因基期数据库不同而不同，GTAP 模型中的各个参数是通过 2014 年基期数据库中全球各国的投入产出表和实际贸易流量数据计算得出的。由于本部分的研究范畴是关税冲击所造成的全球贸易影响，因此 GTAP 模型数据库所提供的通过全球投入产出表计算而得的默认参数是符合研究需求的。因此，本部分使用模型默认的参数进行政策模拟冲击。

在模型求解方法上，由于 Gragg2-4-6 法采用多步分割的方式对模型进行求解，该求解方法增加了求解步骤，比 Johnsen 法的外推结果精度更高。因此，为进一步减小误差以获得更精确的均衡解，本部分利用 Gragg2-4-6 多步分割法对模型进行求解。

除此之外，在情景的连接方面，情景二需要导入情景一冲击后的更新数据库，情景三需要导入情景二冲击后的更新数据库，情景四需要导入情景三冲击后的更新数据库，分别将更新后的数据库作为基础数据库，再进行贸易商品关税冲击，以得到更精确的实证结果。最后，将设定完毕的国家、行业制作为输出数据包，利用计算程序载入该输出数据包，输入关税冲击后，得出仿真模拟结果。

四、GTAP 模型实证结果分析

本部分通过中美之间的四轮加征关税，加权测算关税冲击变量，修改模型的闭合以分别模拟不同政策情景产生的贸易效应，探讨中美贸易摩擦给中美之间带来的贸易效应以及"一带一路"贸易对中美贸易摩擦的缓解作用。由于本部分把中美贸易摩擦分为情景一、情景二、情景三和情景四 4 个情景，因而实证结果的论证和分析，也按照相应的情景予以展开。

（一）中美贸易摩擦与中国进出口

1. 中美贸易摩擦对中国进出口的影响

表 8-6 展示了不同模拟情景对中国出口和进口的影响。在情景一下，中国出口减少了 0.02%、497.67 百万美元，中国进口减少了 0.04%、592.45 百万美元；在情景二下，中国出口减少了 0.14%、2919.44 百万美元，中国进口减少了 0.24%、

3388.56 百万美元；在情景三下，中国出口减少了 0.29％、5922.99 百万美元，中国进口减少了 0.49％、6829.32 百万美元。这表明随着中美贸易摩擦加剧，中国的出口和进口都有不同程度的减少。就横向比较而言，中美贸易摩擦使中国进口减少的程度要大于中国出口减少的程度。在情景四下，中国出口增加了 0.18％、3620.27 百万美元，中国进口增加了 0.30％、4171.20 百万美元。这表明随着中美贸易摩擦缓和，中国的进出口都增加了。

表 8-6　不同模拟情景对中国进出口的影响

整体	情景一	情景二	情景三	情景四
出口变动(％)	−0.02	−0.14	−0.29	0.18
出口变动(百万美元)	−497.67	−2919.44	−5922.99	3620.27
进口变动(％)	−0.04	−0.24	−0.49	0.30
进口变动(百万美元)	−592.45	−3388.56	−6829.32	4171.20

2. 中美贸易摩擦对中国对美国进出口的影响

表 8-7 展示了不同模拟情景对中国对美国出口和从美国进口的影响。在情景一下，中国对美国的出口减少了 0.33％、1416.44 百万美元，中国从美国的进口减少了 0.42％、519.60 百万美元；在情景二下，中国对美国的出口减少了 1.99％、8604.23 百万美元，中国从美国的进口减少了 3.03％、3725.22 百万美元；在情景三下，中国对美国的出口减少了 3.53％、14973.43 百万美元，中国从美国的进口减少了

7.72％、9196.53 百万美元。这表明随着中美贸易摩擦加剧，中国对美国的进出口都有不同程度的减少。就横向比较而言，中美贸易摩擦对中国从美国进口减少的程度要大于中国对美国出口减少的程度。在情景四下，中国对美国的出口增加了 2.25％、9210.63 百万美元，中国从美国的进口增加了 5.11％、5609.65 百万美元。这表明随着中美贸易摩擦缓和，中国对美国的进出口都增加了。

表 8-7　不同模拟情景对中国对美国进出口的影响

中国对美国	情景一	情景二	情景三	情景四
出口变动(%)	−0.33	−1.99	−3.53	2.25
出口变动(百万美元)	−1416.44	−8604.23	−14973.43	9210.63
进口变动(%)	−0.42	−3.03	−7.72	5.11
进口变动(百万美元)	−519.60	−3725.22	−9196.53	5609.65

3. 中美贸易摩擦对中国对"一带一路"国家进出口的影响

表 8-8 展示了不同模拟情景对中国对"一带一路"国家出口和从"一带一路"国家进口的影响。在情景一下，中国对"一带一路"国家的出口增加了 0.05％、435.20 百万美元，中国从"一带一路"国家的进口减少了 0.01％、62.85 百万美元。这表明中美贸易摩擦增加了中国对"一带一路"国家的出口，但贸易抑制效应大于贸易转移效应，导致中国从"一带一路"国家的进口减少了。在情景二下，中国对"一带一路"国家的出口增加了 0.34％、2789.28 百万美元，中国从"一带一路"国家的进口增

加了 0.01%、69.67 百万美元。在情景三下,中国对"一带一路"国家的出口增加了 0.54%、4469.46 百万美元,中国从"一带一路"国家的进口增加了 0.08%、538.62 百万美元。可以看出,在情景二和情景三两轮关税的冲击下,贸易转移效应大于贸易抑制效应,存在"进口扩散"效应,所以中国从"一带一路"国家的进口明显增加了。就横向比较而言,中美贸易摩擦对中国对"一带一路"国家出口的影响要大于中国从"一带一路"国家进口的影响。在情景四下,中国对"一带一路"国家的出口减少了 0.33%、2760.87 百万美元,中国从"一带一路"国家的进口减少了 0.05%、325.97 百万美元。这表明随着中美贸易摩擦缓和,中国对"一带一路"国家的进出口都减少了。

表 8-8 不同模拟情景对中国对"一带一路"国家进出口的影响

中国对"一带一路"国家	情景一	情景二	情景三	情景四
出口变动(%)	0.05	0.34	0.54	−0.33
出口变动(百万美元)	435.20	2789.28	4469.46	−2760.87
进口变动(%)	−0.01	0.01	0.08	−0.05
进口变动(百万美元)	−62.85	69.67	538.62	−325.97

表 8-9 从异质性的角度展示了不同模拟情景对中国对不同"一带一路"国家出口和从不同"一带一路"国家进口的影响。在情景一下,中国对"一带一路"沿线国家的出口增加了 287.64 百万美元,对其他"一带一路"国家的出口增加了 147.56 百万美元,从"一带一路"沿线国家的进口减少了 33.76 百万美元,从

其他"一带一路"国家的进口减少了 29.10 百万美元。这表明中美贸易摩擦增加了中国对"一带一路"沿线国家和其他"一带一路"国家的出口，但贸易抑制效应大于贸易转移效应，导致中国从"一带一路"沿线国家和其他"一带一路"国家的进口减少了。在情景二下，中国对"一带一路"沿线国家的出口增加了 1860.07 百万美元，对其他"一带一路"国家的出口增加了 929.21 百万美元，从"一带一路"沿线国家的进口增加了 5.67 百万美元，从其他"一带一路"国家的进口增加了 64.00 百万美元。在情景三下，中国对"一带一路"沿线国家的出口增加了 2995.53 百万美元，对其他"一带一路"国家的出口增加了 1473.93 百万美元，从"一带一路"沿线国家的进口增加了 201.48 百万美元，从其他"一带一路"国家的进口增加了 337.14 百万美元。在情景二和情景三两轮关税的冲击下，贸易转移效应大于贸易抑制效应，存在"进口扩散"效应，所以中国从"一带一路"沿线国家和其他"一带一路"国家的进口都明显增加了，并且关税冲击对于中国对"一带一路"沿线国家出口的影响大于中国对其他"一带一路"国家出口的影响，关税冲击对于中国从"一带一路"沿线国家进口的影响小于中国从其他"一带一路"国家进口的影响。在情景四下，中国对"一带一路"沿线国家的出口减少了 1850.34 百万美元，对其他"一带一路"国家的出口减少了 910.52 百万美元，从"一带一路"沿线国家的进口减

少了 120.99 百万美元，从其他"一带一路"国家的进口减少了
204.98 百万美元。这表明随着中美贸易摩擦缓和，中国对
"一带一路"沿线国家和其他"一带一路"国家的进出口都减少了。

表 8-9 不同模拟情景对中国对不同"一带一路"国家进出口的异质性影响

单位：百万美元

不同模拟情景	出口		进口	
	"一带一路"沿线国家	其他"一带一路"国家	"一带一路"沿线国家	其他"一带一路"国家
情景一	287.64	147.56	−33.76	−29.10
情景二	1860.07	929.21	5.67	64.00
情景三	2995.53	1473.93	201.48	337.14
情景四	−1850.34	−910.52	−120.99	−204.98

4."一带一路"国家对于中国对美国进出口的补足作用

表 8-10 展示了不同模拟情景下中国对"一带一路"国家的进
出口对于中国对美国进出口的补足作用。在情景一下，中国对
"一带一路"国家的出口可以补足中国对美国出口 30.72% 的比
重；在情景二下，中国对"一带一路"国家的出口可以补足中国
对美国出口 32.42% 的比重，中国从"一带一路"国家的进口可以
补足中国从美国进口 1.87% 的比重；在情景三下，中国对"一带
一路"国家的出口可以补足中国对美国出口 29.85% 的比重，中
国从"一带一路"国家的进口可以补足中国从美国进口 5.86% 的
比重。

表 8-10　不同模拟情景下"一带一路"国家对于中国对美国进出口的补足作用

补足所占比重	情景一	情景二	情景三	情景四
出口	30.72%	32.42%	29.85%	—
进口	—	1.87%	5.86%	—

注：—表示未能产生补足作用。

(二)中美贸易摩擦与中国不同行业的出口

1. 中美贸易摩擦对中国不同行业出口的影响

表 8-11 展示了不同模拟情景对中国不同行业出口的影响。在情景一下，对出口影响比较大的几个行业分别是橡胶塑料(减少了 262.52 百万美元)、机械设备产业(减少了 716.47 百万美元)；在情景二下，对出口影响比较大的几个行业分别是纺织品和服装业(减少了 2153.78 百万美元)，其他轻工业(减少了 2097.10 百万美元)，橡胶塑料(减少了 481.36 百万美元)，计算机、电子、光学产品(增加了 1311.47 百万美元)；在情景三下，对出口影响比较大的几个行业分别是纺织品和服装业(减少了 4446.63 百万美元)，其他轻工业(减少了 3111.16 百万美元)，橡胶塑料(减少了 593.32 百万美元)，计算机、电子、光学产品(增加了 1906.48 百万美元)；在情景四下，对出口影响比较大的几个行业分别是纺织品和服装业(增加了 2708.01 百万美元)，其他轻工业(增加了 1899.12 百万美元)，橡胶塑料(增加了 366.81 百万美元)，计算机、电子、光学产品(减少了

1172.73 百万美元）。

表 8-11　不同模拟情景对中国不同行业出口的影响

单位：百万美元

不同行业	情景一	情景二	情景三	情景四
谷物	0.07	1.35	2.16	−1.33
水果和蔬菜	1.55	25.20	41.08	−25.22
油籽和植物油、甘蔗和甜菜	0.10	3.03	2.63	−1.60
经济作物	1.24	21.76	32.72	−20.07
活动物	0.00	0.08	0.13	−0.08
动物制成品	1.11	23.07	34.04	−20.93
林业	0.07	1.30	1.92	−1.18
渔业	0.10	2.66	4.34	−2.69
采掘业	1.89	8.47	13.75	−8.51
食品加工制造业	14.28	83.65	19.28	−10.95
烟酒制造业	0.67	3.27	4.19	−2.57
纺织品和服装业	125.69	−2153.78	−4446.63	2708.01
其他轻工业	67.90	−2097.10	−3111.16	1899.12
化工产业	36.94	−43.44	−5.05	4.31
橡胶塑料	−262.52	−481.36	−593.32	366.81
非金属矿物制品业	15.77	−113.60	−177.64	109.69
钢铁金属制品业	84.36	125.87	26.06	−14.31
计算机、电子、光学产品	132.02	1311.47	1906.48	−1172.73
机械设备产业	−716.47	62.59	226.70	−129.86
交通运输设备制造业	−83.16	−30.30	−66.52	40.49
其他制造业	80.71	326.37	161.85	−96.12

2. 中美贸易摩擦对中国不同行业出口美国的影响

表 8-12 展示了不同模拟情景对中国不同行业出口美国的影

响。在情景一下，对出口影响比较大的行业有橡胶塑料（减少了
292.42百万美元）、机械设备产业（减少了975.66百万美元）；
在情景二下，对出口影响比较大的行业有纺织品和服装业（减少
了2996.19百万美元）、其他轻工业（减少了2489.99百万美
元）、机械设备产业（减少了1356.77百万美元）；在情景三下，
对出口影响比较大的行业有纺织品和服装业（减少了5838.02百
万美元）、其他轻工业（减少了3744.19百万美元）、橡胶塑
料（减少了877.38百万美元）、钢铁金属制品业（减少了
678.89百万美元）、机械设备产业（减少了2035.45百万美
元）；在情景四下，对出口影响比较大的行业有纺织品和服装
业（增加了3566.45百万美元）、其他轻工业（增加了2289.76百
万美元）、橡胶塑料（增加了542.27百万美元）、钢铁金属制品
业（增加了421.28百万美元）、机械设备产业（增加了1268.25百
万美元）。

表8-12　不同模拟情景对中国不同行业出口美国的影响

单位：百万美元

不同行业	情景一	情景二	情景三	情景四
谷物	0.00	0.00	0.00	0.00
水果和蔬菜	0.01	−2.57	−4.30	2.69
油籽和植物油、甘蔗和甜菜	−0.01	0.16	−0.07	0.05
经济作物	0.10	1.82	−1.30	0.85
活动物	0.00	0.00	0.00	0.00
动物制成品	0.00	1.83	−0.26	0.19

续表

不同行业	情景一	情景二	情景三	情景四
林业	0.01	0.17	0.12	−0.07
渔业	−0.03	0.05	0.07	−0.05
采掘业	0.12	−0.84	−0.98	0.62
食品加工制造业	1.61	−52.01	−187.17	116.28
烟酒制造业	0.03	−1.44	−3.35	2.08
纺织品和服装业	22.17	−2996.19	−5838.02	3566.45
其他轻工业	15.70	−2489.99	−3744.19	2289.76
化工产业	3.50	−256.85	−342.83	212.95
橡胶塑料	−292.42	−656.97	−877.38	542.27
非金属矿物制品业	1.50	−199.43	−318.15	196.48
钢铁金属制品业	7.31	−305.10	−678.89	421.28
计算机、电子、光学产品	−104.91	−0.80	−171.84	110.64
机械设备产业	−975.66	−1356.77	−2035.45	1268.25
交通运输设备制造业	−116.77	−248.50	−339.35	210.49
其他制造业	21.30	−40.81	−430.09	269.42

3. 中美贸易摩擦对中国不同行业出口"一带一路"国家的影响

表 8-13 展示了不同模拟情景对中国不同行业出口"一带一路"国家的影响。在情景一下，对出口影响比较大的行业有纺织品和服装业（增加了 50.93 百万美元），钢铁金属制品业（增加了 47.37 百万美元），计算机、电子、光学产品（增加了 97.95 百万美元），机械设备产业（增加了 121.03 百万美元）；在

情景二下，对出口影响比较大的行业有纺织品和服装业（增加了444.98百万美元），钢铁金属制品业（增加了267.54百万美元），计算机、电子、光学产品（增加了551.66百万美元），机械设备产业（增加了681.30百万美元）；在情景三下，对出口影响比较大的行业有纺织品和服装业（增加了744.57百万美元），钢铁金属制品业（增加了439.56百万美元），计算机、电子、光学产品（增加了874.92百万美元），机械设备产业（增加了1095.09百万美元）；在情景四下，对出口影响比较大的行业有纺织品和服装业（减少了459.43百万美元），钢铁金属制品业（减少了271.58百万美元），计算机、电子、光学产品（减少了540.27百万美元），机械设备产业（减少了676.76百万美元）。

表8-13　不同模拟情景对中国不同行业出口"一带一路"国家的影响

单位：百万美元

不同行业	情景一	情景二	情景三	情景四
谷物	0.06	1.03	1.67	−1.03
水果和蔬菜	1.18	20.55	33.86	−20.83
油籽和植物油、甘蔗和甜菜	0.07	1.94	1.83	−1.11
经济作物	0.51	10.18	17.42	−10.71
活动物	0.00	0.01	0.02	−0.01
动物制成品	0.66	13.62	22.13	−13.63
林业	0.03	0.49	0.80	−0.49
渔业	0.09	1.27	2.10	−1.30
采掘业	0.94	4.93	7.87	−4.87

续表

不同行业	情景一	情景二	情景三	情景四
食品加工制造业	5.59	62.47	95.84	−59.06
烟酒制造业	0.26	1.97	3.16	−1.95
纺织品和服装业	50.93	444.98	744.57	−459.43
其他轻工业	24.44	187.74	304.49	−187.90
化工产业	18.62	121.16	193.90	−119.76
橡胶塑料	14.35	86.49	141.17	−87.20
非金属矿物制品业	8.53	52.51	86.43	−53.39
钢铁金属制品业	47.37	267.54	439.56	−271.58
计算机、电子、光学产品	97.95	551.66	874.92	−540.27
机械设备产业	121.03	681.30	1095.09	−676.76
交通运输设备制造业	19.31	129.04	160.38	−99.97
其他制造业	23.28	148.41	242.27	−149.60

4. "一带一路"国家对于中国不同行业出口美国的补足作用

表 8-14 展示了不同模拟情景下"一带一路"国家对于中国不同行业出口美国的补足作用。在情景一下，中国在计算机、电子、光学产品对"一带一路"国家的出口可以补足中国对美国相关行业出口 93.37% 的比重；在情景二下，中国在钢铁金属制品业对"一带一路"国家的出口可以补足中国对美国相关行业出口 87.69% 的比重；在情景三下，中国在烟酒制造业对"一带一路"国家的出口可以补足中国对美国相关行业出口 94.33% 的比重。

表 8-14　不同模拟情景下"一带一路"国家对于中国不同行业
出口美国的补足作用

不同行业	情景一	情景二	情景三	情景四
食品加工制造业	—	—	51.20%	—
烟酒制造业	—	—	94.33%	—
纺织品和服装业	—	14.85%	12.75%	—
其他轻工业	—	7.54%	8.13%	—
化工产业	—	47.17%	56.56%	—
橡胶塑料	4.91%	13.16%	16.09%	—
非金属矿物制品业	—	26.33%	27.17%	—
钢铁金属制品业	—	87.69%	64.75%	—
计算机、电子、光学产品	93.37%	—	—	—
机械设备产业	12.40%	50.21%	53.80%	—
交通运输设备制造业	16.54%	51.93%	47.26%	—
其他制造业			56.33%	—

注：—表示未能产生补足作用。

(三)中美贸易摩擦与中国不同行业的进口

1. 中美贸易摩擦对中国不同行业进口的影响

表 8-15 展示了不同模拟情景对中国不同行业进口的影响。在情景一下，对进口冲击比较大的行业有计算机、电子、光学产品(减少了 69.49 百万美元)，机械设备产业(减少了 83.86 百万美元)，交通运输设备制造业(减少了 192.48 百万美元)；在情景二下，对进口冲击比较大的行业有化工产业（减少了

448.75 百万美元)、机械设备产业(减少了 659.42 百万美元)、交通运输设备制造业(减少了 678.74 百万美元);在情景三下,对进口冲击比较大的行业有化工产业(减少了 749.86 百万美元),计算机、电子、光学产品(减少了 434.40 百万美元),机械设备产业(减少了 1095.83 百万美元),交通运输设备制造业(减少了 2143.47 百万美元);在情景四下,对进口冲击比较大的行业有化工产业(增加了 460.38 百万美元),计算机、电子、光学产品(增加了 270.24 百万美元),机械设备产业(增加了 672.25 百万美元),交通运输设备制造业(增加了 1291.79 百万美元)。

表 8-15 不同模拟情景对中国不同行业进口的影响

单位:百万美元

不同行业	情景一	情景二	情景三	情景四
谷物	-3.10	-14.05	-26.54	16.41
水果和蔬菜	-8.95	-23.62	-43.21	26.31
油籽和植物油、甘蔗和甜菜	-1.49	-54.72	-160.97	99.09
经济作物	-0.14	-31.99	-62.44	38.31
活动物	-0.01	-1.12	-2.03	1.24
动物制成品	-19.19	-45.99	-89.87	54.88
林业	-0.78	-40.67	-63.07	38.64
渔业	-3.62	-5.55	-10.64	6.53
采掘业	-39.90	-141.66	-208.14	129.57
食品加工制造业	-27.60	-168.69	-320.28	194.57
烟酒制造业	-5.78	-20.07	-37.17	22.93

不同行业	情景一	情景二	情景三	情景四
纺织品和服装业	−5.78	−148.81	−270.90	165.15
其他轻工业	−8.57	−146.38	−248.68	153.16
化工产业	−42.13	−448.75	−749.86	460.38
橡胶塑料	−19.14	−127.08	−201.20	122.77
非金属矿物制品业	−2.53	−37.67	−66.76	40.52
钢铁金属制品业	−46.51	−243.54	−391.76	242.58
计算机、电子、光学产品	−69.49	−232.77	−434.40	270.24
机械设备产业	−83.86	−659.42	−1095.83	672.25
交通运输设备制造业	−192.48	−678.74	−2143.47	1291.79
其他制造业	−11.42	−117.29	−202.14	123.86

2. 中美贸易摩擦对中国不同行业从美国进口的影响

表 8-16 展示了不同模拟情景对中国不同行业从美国进口的影响。在情景一下，受冲击比较大的行业有交通运输设备制造业（减少了 328.79 百万美元）；在情景二下，受冲击比较大的行业有化工产业（减少了 538.21 百万美元），计算机、电子、光学产品（减少了 328.85 百万美元），机械设备产业（减少了 703.21 百万美元），交通运输设备制造业（减少了 1026.61 百万美元）；在情景三下，受冲击比较大的行业有化工产业（减少了 958.04 百万美元），计算机、电子、光学产品（减少了 595.66 百万美元），机械设备产业（减少了 1244.57 百万美元），交通运输设备制造业（减少了 4071.39 百万美元）；在情景四下，受冲击

比较大的行业有化工产业(增加了 588.43 百万美元),计算机、电子、光学产品(增加了 370.23 百万美元),机械设备产业(增加了 760.09 百万美元),交通运输设备制造业(增加了 2464.92 百万美元)。

表 8-16 不同模拟情景对中国不同行业从美国进口的影响

单位:百万美元

不同行业	情景一	情景二	情景三	情景四
谷物	−4.85	−13.31	−27.47	17.07
水果和蔬菜	−20.47	−23.81	−47.92	29.16
油籽和植物油、甘蔗和甜菜	−6.64	−61.92	−314.24	195.29
经济作物	0.08	−19.90	−43.09	26.64
活动物	0.01	−0.07	−0.32	0.20
动物制成品	−45.59	−63.76	−135.16	82.94
林业	−0.03	−8.52	−11.68	7.15
渔业	−6.30	−7.11	−14.58	8.97
采掘业	−2.84	−5.72	−9.68	6.09
食品加工制造业	−42.46	−195.16	−428.69	260.11
烟酒制造业	−8.99	−27.32	−53.10	32.86
纺织品和服装业	−0.33	−90.07	−172.27	104.20
其他轻工业	−1.09	−85.87	−162.71	100.76
化工产业	−14.21	−538.21	−958.04	588.43
橡胶塑料	−15.04	−155.10	−255.73	155.41
非金属矿物制品业	−0.19	−46.51	−87.29	52.82
钢铁金属制品业	−2.23	−187.06	−312.32	193.13
计算机、电子、光学产品	−8.75	−328.85	−595.66	370.23

续表

不同行业	情景一	情景二	情景三	情景四
机械设备产业	−7.82	−703.21	−1244.57	760.09
交通运输设备制造业	−328.79	−1026.61	−4071.39	2464.92
其他制造业	−3.07	−137.12	−250.64	153.16

3. 中美贸易摩擦对中国不同行业从"一带一路"国家进口的影响

表 8-17 展示了不同模拟情景对中国不同行业从"一带一路"国家进口的影响。在情景一下，受冲击比较大的行业有计算机、电子、光学产品（减少了 26.39 百万美元），交通运输设备制造业（增加了 26.02 百万美元）；在情景二下，受冲击比较大的行业有采掘业（减少了 98.80 百万美元），计算机、电子、光学产品（增加了 78.96 百万美元），交通运输设备制造业（增加了 65.42 百万美元）；在情景三下，受冲击比较大的行业有采掘业（减少了 144.95 百万美元），化工产业（增加了 136.30 百万美元），计算机、电子、光学产品（增加了 132.30 百万美元），交通运输设备制造业（增加了 353.92 百万美元）；在情景四下，受冲击比较大的行业有采掘业（增加了 90.14 百万美元），化工产业（减少了 83.86 百万美元），计算机、电子、光学产品（减少了 81.95 百万美元），交通运输设备制造业（减少了 215.40 百万美元）。

表 8-17 不同模拟情景对中国不同行业从"一带一路"国家进口的影响

单位：百万美元

不同行业	情景一	情景二	情景三	情景四
谷物	0.40	−0.21	0.12	−0.09
水果和蔬菜	10.33	0.11	4.14	−2.51
油籽和植物油、甘蔗和甜菜	0.47	0.46	12.97	−8.15
经济作物	−0.05	−7.00	−11.24	6.79
活动物	−0.01	−0.57	−0.92	0.56
动物制成品	6.43	4.27	10.99	−6.81
林业	−0.58	−26.04	−41.70	25.56
渔业	1.18	0.63	1.62	−1.00
采掘业	−24.76	−98.80	−144.95	90.14
食品加工制造业	9.73	16.67	67.82	−41.01
烟酒制造业	1.11	2.48	5.43	−3.38
纺织品和服装业	−2.74	−34.51	−58.07	35.88
其他轻工业	−3.16	−30.13	−42.62	25.96
化工产业	−14.92	59.85	136.30	−83.86
橡胶塑料	−1.63	16.37	31.55	−18.91
非金属矿物制品业	−0.76	3.54	8.09	−4.86
钢铁金属制品业	−14.94	−17.87	−24.40	15.22
计算机、电子、光学产品	−26.39	78.96	132.30	−81.95
机械设备产业	−23.71	22.09	63.87	−37.99
交通运输设备制造业	26.02	65.42	353.92	−215.40
其他制造业	−4.86	13.96	33.39	−20.18

4."一带一路"国家对于中国不同行业从美国进口的补足作用

表 8-18 展示了不同模拟情景下"一带一路"国家对于中国不同行业从美国进口的补足作用。在情景一下，中国在动物制成品从"一带一路"国家的进口可以补足中国从美国相关行业进口14.10%的比重；在情景二下，中国在计算机、电子、光学产品从"一带一路"国家的进口可以补足中国从美国相关行业进口24.01%的比重；在情景三下，中国在计算机、电子、光学产品从"一带一路"国家的进口可以补足中国从美国相关行业进口22.21%的比重。

**表 8-18 不同模拟情景下"一带一路"国家对于中国
不同行业从美国进口的补足作用**

不同行业	情景一	情景二	情景三	情景四
油籽和植物油、甘蔗和甜菜	7.08%	0.74%	4.13%	—
动物制成品	14.10%	6.70%	8.13%	—
采掘业	—	—	—	—
其他轻工业	—	—	—	—
化工产业	—	11.12%	14.23%	—
橡胶塑料	—	10.55%	12.34%	—
钢铁金属制品业	—	—	—	—
计算机、电子、光学产品	—	24.01%	22.21%	—
机械设备产业	—	3.14%	5.13%	—
交通运输设备制造业	7.91%	6.37%	8.69%	—

注：—表示未能产生补足作用。

　　本章通过 GTAP 模型模拟了四轮中美贸易摩擦对于中国对外贸易的影响，在此基础上模拟了"一带一路"倡议对外贸易发展对中美贸易摩擦负面影响的缓和作用。研究发现中国对"一带一路"国家的出口可以补足中国对美国出口 29.85％的比重，中国从"一带一路"国家的进口可以补足中国从美国进口 5.86％的比重。这充分说明了"一带一路"倡议对于稳定中国对外贸易格局的重要意义。

第九章 | 总 结

　　2013 年，习近平提出了"一带一路"倡议。这个倡议旨在鼓励更多的、区域内的国家互联互通、经济流动，以促进贸易、投资、消费、文化交流的增长。建立仿效古代丝绸之路的联合贸易路线以培养亚洲、欧洲和非洲之间的区域合作精神。很多研究关注的是"一带一路"倡议背后潜在的地缘战略动力，但本书的研究重点是收集证据，分析"一带一路"倡议对多边贸易和经济增长的潜在影响。

　　自"一带一路"倡议实施以来，中国与"一带一路"沿线国家和共建国家的贸易都得到了快速发展。2013—2021 年，中国与"一带一路"沿线国家的货物贸易额达到 11 万亿美元，年度贸易额从 1.04 万亿美元增长到 1.8 万亿美元。①

本书主要研究的问题是：基于基础设施建设的"一带一路"倡议对其沿线国家和共建国家的多边贸易与经济增长的影响；在中美贸易摩擦的背景下，"一带一路"倡议为应对这样紧张的国际贸易局势做出的贡献。为了回答这两个研究问题，本书进行了定性和定量分析。本书通过回顾"一带一路"倡议历程中中国和"一带一路"沿线国家、共建国家贸易发展的事实，结合计量模型的实证分析证明，"一带一路"倡议通过加强基础设施建设、打破贸易壁垒、增加对外投资等方式显著促进了双边贸易和贸易国的经济发展。更具体地说，"一带一路"倡议通过建设更好的交通基础设施，增强了区域之间的连通性，可以促进"一带一路"沿线国家和共建国家的贸易发展。同时，"一带一路"沿线国家和共建国家通过"一带一路"倡议吸引了外国直接投资，加快了工业化进程，建立了生产网络，加快了经济增长和减少贫困的进程。

根据研究，我们针对"一带一路"倡议未来更好的贸易发展提出几点政策建议。第一，要横向实现政策的进一步沟通，保证"一带一路"倡议的政策与当地政策之间的兼容性和互补性，

---

① 参见中华人民共和国商务部网站。

这样才会产生巨大的合作共赢效益。为了降低贸易成本，需要解决法律和法规不一致的问题，并简化"一带一路"倡议的陆路和海上通道。第二，要纵向确保政策的可持续性，各国应共同努力，确保"一带一路"倡议带来持续的经济、社会和环境效益。第三，需要建立明确的安全机制，以确保穿越"一带一路"货物的安全，也有助于保护中国对外的投资。第四，充分利用自动化和数字技术带来的好处，信息技术进步可以通过创建数字和信息共享网络、合作平台以提高贸易效率。

在经济全球化背景下，中国经济与世界经济的联系日益紧密，依赖日益加深。美国长期处于巨大的国际贸易逆差当中，2021年其贸易逆差创历史新高，超过了1万亿美元，贸易与财政已形成美国经济发展中的"双赤字"难题。同时，世界经济发展疲软，主要经济体经济增速下降，新冠肺炎疫情对世界经济造成了冲击，中国不得不重视世界经济可能带来的风险，为推动中国开放型经济向更高层次发展，中国政府提出要逐步形成以国内大循环为主体、国内国际双循环相互促进的新发展格局。"一带一路"倡议在这个过程中起到了十分重要的引领作用。对外，"一带一路"倡议可以通过设施联通和贸易畅通带动"一带一路"沿线国家和共建国家一起发展。"一带一路"沿线国家多为发展中国家，这些国家发展潜力巨大。"一带一路"倡议带动这些国家发展必然会为世界经济的发展注入强大的力量。对内，

"一带一路"倡议的贸易畅通促进了国内市场的繁荣和发展。同时，"一带一路"倡议涉及中国中西部省份，使原来的内陆地区变成了对外开放的前沿地区。这能够补齐中国区域发展不均衡的短板。对内、对外，"一带一路"倡议都是符合中国和世界发展利益的、互利共赢的人类发展倡议。

图书在版编目(CIP)数据

"一带一路"贸易发展/范莎，王晖著. —北京：北京师范大学
出版社，2023.3
（高质量共建"一带一路"丛书）
ISBN 978-7-303-28849-6

Ⅰ.①—… Ⅱ.①范… ②王… Ⅲ.①国际贸易－贸易发展－
研究 Ⅳ.①F74

中国国家版本馆 CIP 数据核字(2023)第 029272 号

营 销 中 心 电 话 010-58805385
北 京 师 范 大 学 出 版 社
主题出版与重大项目策划部 http://xueda.bnup.com

YIDAIYILU MAOYI FAZHAN
出版发行：北京师范大学出版社 www.bnup.com
北京市西城区新街口外大街 12-3 号
邮政编码：100088
印　　刷：北京盛通印刷股份有限公司
经　　销：全国新华书店
开　　本：710 mm×1000 mm　1/16
印　　张：15.75
字　　数：180 千字
版　　次：2023 年 3 月第 1 版
印　　次：2023 年 3 月第 1 次印刷
定　　价：78.00 元

策划编辑：祁传华　　　　　责任编辑：齐文媛
美术编辑：王齐云　　　　　装帧设计：王齐云
责任校对：陈　民　　　　　责任印制：赵　龙
